H.-J. Fischer · St.O. Horn · W. Kasper · H.J. Pottmeyer

Wozu noch einen Papst?

Heinz-Joachim Fischer · Stephan Otto Horn
Walter Kasper · Hermann Josef Pottmeyer

Wozu noch einen Papst?

Vier Plädoyers für das Petrusamt

Communio

Die Deutsche Bibliothek – CIP-Einheitsaufnahme

Wozu noch einen Papst? : Vier Plädoyers für das Petrusamt /
Heinz-Joachim Fischer ... – Köln : Communio, 1993
ISBN 3-921204-09-7
NE: Fischer, Heinz-Joachim

ISBN 3-921204-09-7

Satz: Greiner & Reichel, Köln
Druck: Luthe-Druck, Köln
Printed in Germany

Inhalt

Stephan Otto Horn

Die petrinische Sendung der Kirche von Rom

Biblische und patristische Aspekte

Die Absicht dieser Skizze liegt ebensowenig darin, die Sendung des Apostels Petrus nach der Schrift exegetisch auszulegen, wie darin, die Anfänge des Primats der Kirche von Rom historisch darzustellen. Sie will vielmehr fundamentaltheologisch zeigen, wie der Auftrag des Apostels in die petrinische Sendung der römischen Kirche einmündet. Sie fragt nach grundlegenden Elementen der Glaubensreflexion der Kirche, in denen das biblische Zeugnis aufgenommen wird.[1]

1. Warum fordern biblische Texte das Nachdenken über eine fortdauernde Gegenwart der Sendung des Apostels Petrus heraus? Im Matthäusevangelium zeigt sich im Blick auf die Zwölf wie auf Petrus eine ungeheuere Spannung. Die Jünger, die in besonderer Nähe den Weg Jesu von seiner frühen Verkündigung der Gottesherrschaft bis zu seinem Leidensweg begleitet haben, werden vom Auferstandenen zu allen Völkern gesandt. Wie er seiner Kirche bis ans Ende der Zeit gegenwärtig bleibt, so sollen sie in seinem Auftrag durch die Zeiten hindurch Menschen zu seinen Jüngern machen (Mt 28,16-20). Petrus wird in dieser Szene, in der das Evan-

gelium und vor allem sein zweiter Teil gipfelt, nicht eigens genannt. Und doch ist er von der Konzeption des Evangelisten her besonders gegenwärtig. Die Perikope von Cäsarea Philippi, in der Petrus das Bekenntnis der Kirche zu Jesus vorwegnimmt (Mt 16,13-20), steht nämlich nicht bloß als Gipfel des ersten Teils des Evangeliums in Parallelität zur Schlußszene, sondern reicht von innen her auch in sie hinein. Die Beauftragung von Petrus wird in Mt 16,13-19 als eine in der Zukunft sich ereignende Handlung Jesu Christi beschrieben im Blick auf seine Kirche, »die erst durch die Aussendung der ›elf Jünger‹ (28,16) ins Leben tritt« (R. Schnackenburg).[2] So reicht die Sendung des Petrus in die ganze Zeit der Kirche hinein wie die der Zwölf, deren erster er ja ist. Matthäus unterstreicht dies noch, indem er seine Bestellung zum Hausverwalter der Kirche Christi und seine Bevollmächtigung zu binden und zu lösen mit der Zusage und Verheißung verknüpft, Petrus sei der Fels, auf dem die Kirche aufgebaut werde, so daß sie in unüberwindbarer Festigkeit bestehen bleibe. Petrus wird so nicht bloß zum herausragenden Empfänger und Vermittler der Offenbarung an die Gemeinde, sondern aufgrund seiner spezifischen Begnadung auch zum Garanten des Glaubens der Kirche durch die Zeiten hindurch.

J.J. von Allmen hat bemerkt, daß Lukas das Wort Jesu über die besondere Aufgabe des Petrus in den Rahmen der Einsetzung der Eucharistie stellt, die bis zur Wiederkunft dauern soll.[3] Aber auch im Lukasevangelium gibt Jesus den Auftrag, die Brüder zu stärken, an Petrus ausdrücklich im Futur, in dem er als Auferstandener handeln wird, so daß auch auf diese Weise die Sendung in die unabsehbare Zukunft der Kirche hinein angezeigt ist. Im Johannesevangelium wird Simon Petrus nach der Auferstehung zum Hirten der Herde Christi bestellt (Joh 21,15-19), einer Herde, in die auch jene berufen sind, die aus der anderen Hürde sind (10,16); Jesus stirbt ja, »um die zerstreuten Gotteskinder zur Einheit zusammenzuführen« (11,52). Auch hier weist die Sendung ins Unabsehbare.

2. Die nachösterliche Sendung Petri zeigt sich im Leben der Kirche zuerst in Jerusalem während der Zeit, in der die Jünger die Hinkehr Israels zu Jesus, dem Christus, erwarteten. Petrus erscheint im Kreis der Zwölf und in der Jüngerschaft der Urgemeinde als die führende Gestalt. Er steht der Kirche in Jerusalem vor, dem Kern des erneuerten Israels, durch dessen Bekehrung auch die Völker in die Sammlung des Gottesvolkes einbezogen werden sollen. Als die Erwartung der Bekehrung Israels sich nicht erfüllt, verliert Jerusalem seine Stellung als Mitte des neuen Gottesvolkes aus Juden und Heiden. Petrus gibt die Leitung Jerusalems an den Herrenbruder Jakobus ab. Er wird zum wandernden Missionar (Apg 12,17); aber auch jetzt blitzt, vor allem im entscheidendsten Augenblick der jungen Kirche, im sog. Apostelkonzil (Apg 15,1-12), seine Sendung in der Leitung der Kirche auf. Schließlich befindet er sich als Zeuge der Leiden Christi nach 1 Petr 5,13 in Rom

als dem Babylon, der Mitte der gottesfeindlichen Welt. Und das Johannesevangelium sieht den Hirtenauftrag Petri sich vollenden in seinem Blutzeugnis (Joh 21, 15-19). In der frühen Kirche lebt das Bewußtsein, sich stets vertiefend, fort, daß Petrus durch seinen Zeugentod in Rom am Ende einer langen missionarischen Wanderschaft mit der Kirche Roms in eine einzigartige Verbindung eingetreten ist.[4]

In diesem Prozeß des Werdens tritt die eine Kirche Jesu Christi in den vielen Ortskirchen in Erscheinung. In ihnen nehmen Verkünder des Wortes schon teil an der Sendung der Apostel und treten schließlich nach deren Tod vollends in ihren Zeugenauftrag als Hirten ein. Und in diesem langen Prozeß des Reifens tritt in der Gemeinschaft solcher Diener des Wortes immer deutlicher als ihre einigende Mitte der Bischof der Ortsgemeinde hervor, der nun, zusammen mit den Presbytern, immer klarer als Träger apostolischer Sendung, in der Nachfolge der Apostel stehend, anerkannt wird.

So zeigen sich Linien, die konvergieren: Erstens die einzigartige Sendung des Petrus in der Mitte der Zwölf durch den nachösterlichen Christus, eine Sendung, die bis ans Ende der Weltzeit fortdauert; zweitens das Zuendekommen der heilsgeschichtlichen Bedeutung Jerusalems als Kern des neuen Israels aus der Sammlung des Gottesvolkes und dann der Heiden; drittens, engstens damit verbunden, der Weggang Petri als Leiter der Kirche aus Jerusalem und sein Zeugentod in Rom – verknüpft mit dem des Völkerapostels Paulus – als

Vollendung seiner missionarischen Wanderschaft, durch den die Kirche von Rom in eine einzigartige Beziehung zu Petrus tritt; schließlich im Rahmen des Werdens der Kirche als der einen Kirche in den vielen Ortskirchen das Heranreifen des Bewußtseins der Nachfolge der Apostel in den Hirten der Ortskirchen, konkret des Bischofs in der Mitte der Presbyter. Alle diese Linien konvergieren im Glaubensbewußtsein der frühen Kirche in der besonderen Stellung der römischen Kirche und ihrer Hirten.

3. Eine erste grundlegende Reflexion über die Gegenwart der dem Apostel Petrus gegebenen Sendung in der Kirche begegnet in dem geschichtlichen Augenblick, in dem sich die Struktur des Hirtendienstes in apostolischer Nachfolge vollends herausgebildet hat. Einer der maßgeblichsten Zeugen dafür ist Irenäus, der von dieser kirchlichen Wirklichkeit her zugleich theologisch auf die gnostische Gegenkonzeption geheimer Überlieferungen und neuer Empfänger und Deuter von Offenbarungen antwortet. Der Glaube wurde von den Aposteln öffentlich übermittelt, aber so doch vor allem den Bischöfen, die sie einsetzten, anvertraut. Dies gilt für alle Kirchen, ist aber besonders greifbar in den Kirchen, die von den Aposteln selbst gegründet wurden. Nun zeigt sich bei Irenäus aber etwas Eigenartiges: In dem Augenblick, in dem er die Kirche von Rom als ein Beispiel solcher apostolischer Gründungen unter anderen nennt, spricht er ihr doch Maßgeblichkeit in ihrer Glaubenstradition für alle anderen Kirchen zu. Dies ergibt sich für ihn

daraus, daß Petrus und Paulus die Kirche von Rom gründeten, indem sie dort das Evangelium verkündeten und einen Bischof einsetzten, von dem die Reihe der römischen Bischöfe ihren Anfang nahm. Von da aus erklärt sich, warum Irenäus gerade die Kirche von Rom als Beispiel apostolischer Kirchen und ihres Glaubens nennt: sie hat aufgrund ihrer Herkunft von Petrus und Paulus die ganz beispielhaft authentische und so zugleich bindende Glaubenstradition. Irenäus deutet hier den Auftrag des Bischofs nicht eigens. Aber im Ganzen seiner Konzeption betont er die Geistbegabung der Bischöfe; sie haben »das sichere Charisma der Wahrheit«. »Dieses Charisma ist auf das apostolische Erbe der Wahrheit bezogen und dient der Bewahrung und Aktualisierung der Überlieferung« (G.G. Blum).[5] Ansatzhaft findet sich eine ähnliche Hervorhebung der Kirche von Rom schon siebzig oder achtzig Jahre früher bei Ignatius von Antiochien (ca. 110). Er betont in seiner Zuschrift im Brief an die römische Gemeinde, die von Petrus und Paulus geleitet wurde, die Reinheit ihres Glaubens: sie ist »unerschütterlich erfüllt von der Gnade Gottes und gereinigt von aller fremden Farbe«.

Bei Eusebius von Cäsarea findet sich in seiner Kirchengeschichte, für deren ursprüngliche Fassung das Konzept der apostolischen Nachfolge maßgebend war, eine außerordentliche Hervorhebung des Apostels Petrus, besonders im Blick auf die Kirche von Rom. Während Jerusalem seine heilsgeschichtliche Stellung verlor, gründete Petrus, Wortführer der Apostel, die römische

Kirche. Diese Reise nach Rom hat heilsgeschichtliche und prototypische Bedeutung: Wie Petrus, von Gottes Vorsehung geführt, nach Rom kommt, um dort Simon Magus, den Prototyp aller Häresien zu besiegen, so hat der Bischof von Rom den Auftrag, die Kirche von Häresien zu befreien.

4. Von hier aus zeigt sich die besondere Stellung der römischen Kirche nicht zuerst als ihr eigener Führungsanspruch. Sie ist vielmehr in einer weitreichenden Überzeugung der Kirche begründet, die auch in der Kirche Roms als feste Gewißheit gegenwärtig ist. Dies bestätigt sich sogar in den großen Infragestellungen des ersten Jahrtausends. Gerade die kirchengeschichtlich bedeutsamste beim späten Eusebius zeigt sich nicht als ursprünglicher Traditionsstrang, sondern als Abkehr von der Überlieferung oder besser: als revolutionäre Umdeutung, die an die Grundkonzeption der apostolischen Nachfolge rührt.

Eusebius von Cäsarea löst sich nämlich immer mehr von der traditionellen Ekklesiologie, deren Zeuge seine Kirchengeschichte in ihrer ersten Fassung darstellt, und gelangt besonders in der letzten Überarbeitung – nach dem Konzil von Nicäa – zu einer neuen, reichskirchlichen Konzeption. Er zeigt nun, wie die *Pax Romana* mit der Ankunft Christi zusammenfiel und jetzt ihre Parallele in der Reunifikation des römischen Kaisertums findet. Wie vorher Petrus wird jetzt Kaiser Konstantin durch seinen Sieg über Licinius zum Lichtträger, der wie ein Erlöser das Dunkel verscheucht. Im Schreiben an seine Kirche von Cäsarea läßt Eusebius erkennen, wie für ihn der Kaiser auf dem Konzil eine entscheidende Stellung für die Fassung des Bekenntnisses eingenommen hat. Auch hier rückt der Kaiser in den Platz ein, der in seiner ursprünglichen, traditionellen Konzeption Petrus zukam.[6]

Einem ähnlichen Vorgang begegnen wir in der Mitte des 5. Jahrhunderts bei einer erneuten, kirchengeschichtlich bedeutsamen Infragestellung der päpstlichen Autorität durch Dioskur, den alexandrinischen Patriarchen und Gegenspieler Leos des Großen, ganz im Gegensatz zu Athanasius. Dieser entwickelt im Streit um den Stuhl von Alexandrien seine ekklesiologische Haltung immer deutlicher im Gegensatz zum späten Eusebius. Statt sich wie die Eusebianer auf die kaiserliche Autorität und auf partikulare Synoden zu stützen, die Letztgültigkeit beanspruchten, betont er die Apostolizität der Kirche und erkennt die römische Kirche als letzte Autorität für die Ordnung der Kirche an. In seiner eigenen Sache wendet er sich an Papst Julius von Rom und bejaht dessen Vorgehen, als dieser die ekklesiologische Position der Eusebianer zurückweist und seine petrinische Autorität für die Einheit der Kirche maßvoll zur Geltung bringt. Mit der Synode von Sardika (343) bejaht er eine Ordnung der Appellation an Rom, »um das Gedächtnis Petri zu ehren«. Und schließlich würdigt er in seiner *Historia Arianorum* Papst Liberius trotz seiner späteren Nachgiebigkeit als Hort und Anwalt des rechten, nicänischen Glaubens gegenüber

Kaiser Konstantius inmitten eines weithin versagenden Episkopats und hebt die petrinische Autorität des römischen Bischofs als Inhaber des *Thronos Apostolikos* hervor.

Dagegen gibt Patriarch Dioskur für die als ökumenisches Konzil einberufene Zweite Ephesinische Synode (449) dem Kaiser die Stellung eines Wahrers der nicänischen Glaubenstradition in der Kirche, schließt Papst Leo und dessen berühmtes Glaubensschreiben aus der synodalen Beratung aus, um den Papst schließlich zu exkommunizieren, nachdem dieser auf einer römischen Synode dem Zweiten Ephesinischen Konzil die Anerkennung verweigert hatte. So zeigt sich auch bei Dioskur die Abweisung der Autorität der römischen Kirche als Bruch mit der überlieferten athanasianischen und zugleich gesamtkirchlichen Tradition.

5. Mit alledem befinden wir uns schon mitten in einer neuen Phase der Entwicklung des Primats der römischen Kirche. In ihr tritt mit dem Ereignis der ersten ökumenischen Synoden, besonders der von Nicäa, die Stellung der Bischöfe als Wahrer und Interpreten der Glaubenstradition noch klarer hervor. Zugleich mußte sich nun das Verhältnis von Primat Roms und Episkopat der gesamten Kirche neu stellen. Damit zeigt sich die Kirche von Rom nicht nur wie bei Irenäus von Petrus und Paulus her als in ihrem Glauben maßgebend. Vielmehr tritt nun, der konziliaren Erfahrung gemäß, auch das Handeln des römischen Bischofs und der römischen Synode expliziter hervor. Es zeigt sich im jahr-

zehntelangen Ringen um Nicäa und, damit verbunden, um die Stellung des Kaisers, zuerst als Eintreten für die apostolische Struktur der Kirche und für die bleibende Geltung des ökumenischen Konzils von Nicäa, das nun im Bischof von Rom seinen letzten Halt findet.

Bei Leo dem Großen tritt das Handeln des Bischofs von Rom aber auch im Vorfeld eines ökumenischen Konzils und in diesem selbst klar hervor. Dabei zeigt sich der römische Bischof wiederum nicht als Gegenpol zu einem einmütigen Episkopat, sondern zu Bischöfen, die sich auf den Kaiser als maßgebenden Wahrer der Tradition stützen wollen, und so zugleich als eigentlicher Halt für jene Bischöfe, die entschiedener die apostolische Ordnung der Kirche festhalten wollen. Papst Leo bekräftigt und erläutert besonders in seinem Tomus ein Urteil der endemischen Synode (448) im Bewußtsein seiner petrinischen Stellung. Überzeugt, damit die Glaubenstradition gültig und endgültig wiedergegeben zu haben, erwartet er von den Bischöfen – auch des ökumenischen Konzils – Zustimmung zu seiner Entscheidung, dies freilich in der Weise aktiver Untersuchung der Tradition, an der er sein Schreiben messen lassen will.

Das Konzil von Chalcedon (451) vollzieht einen solchen Traditionsvergleich, geht dabei aber über die Absichten Leos hinaus und formuliert zusammen mit seinen Legaten ein neues Bekenntnis. Zugleich anerkennen die Konzilsväter – gewiß abgesehen von jenen, die sich der konziliaren Entscheidung verweigern – mehrfach die petrinische Autorität des römischen Bischofs. Darin ist nicht einfach der Widerhall eines päpstlichen Anspruchs zu sehen. Vielmehr zeigt sich gerade im Vorfeld und im Umkreis von Chalcedon eine breite Strömung der Anerkennung der petrinischen Sendung Roms. Damit verbindet sich die Überzeugung, daß eine Synode nicht ohne oder gar gegen Rom Letztgültigkeit beanspruchen könne.

Aber zugleich tritt nun das Ringen um die apostolische Struktur der Kirche und um die Stellung des Kaisers in eine neue Phase. Ein Teil der Bischöfe, die in Chalcedon versammelt sind – vor allem die Bischöfe aus dem Patriarchatsbereich von Konstantinopel – bejahen einen vom kaiserlichen Hof vorgelegten Text, in dem im Anschluß an Kanon 3 von Konstantinopel (381) für die Kirche von Konstantinopel die gleichen Rechte, wie sie die Kirche von Rom besitzt, aufgrund ihrer Stellung als Kaiserstadt in Anspruch genommen werden (»Kanon 28«). Auch wenn die Konzilsväter dies Papst Leo gegenüber mit der petrinischen Stellung der Kirche von Rom im Sinn einer Teilhabe deuten, gefährden sie mit der Verknüpfung von kaiserlicher und kirchlicher Autorität doch die eigenständige petrinische Sendung Roms, die sie selbst ganz deutlich voraussetzten. Offenkundig werden diese Gefahren vollends bei Patriarch Acacius von Konstantinopel, der die von Kanon 28 vorgesehene Gleichberechtigung in einem neuen geschichtlichen Kontext in Anspruch nimmt, um eine Glaubensformel für die Einigung mit den nichtchalcedonensischen Kirchen zu entwerfen, durch die das Bekenntnis von Chalcedon als maßgebliche Basis der Einheit des Glaubens in Frage gestellt ist (Henotikon von 482).[7] Aber eine solche Konzeption kann sich nicht auf Dauer Geltung verschaffen. Gerade die Stellung des Kaisers für die Kirche von Konstantinopel konnte zur Gefährdung des Glaubens werden. In solchen Augenblicken tritt auch für die Kirchen des Ostens die römische Kirche in ihrer petrinischen Stellung als letzter Halt des Glaubens je neu in den Blick.

So kann K. Schatz, auf die patristische Entwicklung zurückblickend, die Frage nach der Anerkennung eines römischen Primats durch den Osten zurecht mit den Worten beantworten: »Daß Differenzen, welche die Identität der Kirche und ihres Glaubens in Frage stellen, nur in Einheit mit Rom (was keineswegs bedeutet: durch Rom allein) definitiv zu klären sind, ist jedenfalls eine Überzeugung, die eine sehr breite Tradition im Osten hat.« Und er betont, daß »diesen ›Primatszeugnissen‹ durchaus eine Bedeutung als Zeugnis des gemeinsamen Glaubens von Ost und West zuzuerkennen« ist.[8] In der Tat: Wenn die apostolische Nachfolge der Bischöfe nicht bloß als legitime Möglichkeit, sondern in der Konsequenz der in der Schrift bezeugten Sendung der Zwölf und der Apostel als notwendige Entwicklung verstanden werden muß, dann tritt auch die Kirche von Rom mit ihrem Bischof als Vorsteher der Kirche, in der Petrus und Paulus ihr Glaubenszeugnis durch das Martyrium vollendet haben, in die Nachfolge der »Koryphäen der Apostel« ein und wird so zum letzten Garanten der Glaubenstradition und der Einheit der Kirche. Gebunden an den Glauben der Kirche, vermag der Bischof der Kirche von Rom in der Unerschütterlichkeit des Glaubens die Brüder auch dann zu stärken, wenn er sich in einer Stunde des Dunkels und des Zwiespalts nicht mehr auf ihre Einmütigkeit stützen kann.

Anmerkungen:

1 Wesentliche Einsichten verdanke ich J. RATZINGER, Primat und Episkopat, in: Ders., Das neue Volk Gottes. Entwürfe zur Ekklesiologie. Düsseldorf 1969, S. 121-146; vgl. neuerdings J. KARD. RATZINGER, Der Primat des Papstes und die Einheit des Gottesvolkes, in: Ders., Kirche, Ökumene und Politik. Neue Versuche zur Ekklesiologie. Einsiedeln 1987, S. 35-48. Sehr bedeutungsvoll sind nach wie vor die Ausführungen von H. DE LUBAC, Quellen kirchlicher Einheit. Einsiedeln 1974. Wichtig ist auch der von M. MACCARRONE herausgegebene Sammelband »Il Primato del Vescovo di Roma nel primo millennio. Ricerche e testimonianze«. Rom 1991. Grundzüge einer Geschichte des päpstlichen Primats bietet neuerdings K. SCHATZ, Der päpstliche Primat. Seine Geschichte von den Ursprüngen bis zur Gegenwart. Würzburg 1990.

2 R. SCHNACKENBURG, Petrus im Matthäusevangelium, in: A cause de l'évangile (FS J. Dupont). Paris 1985, S. 123. Schnackenburg begründet ebd. seine Auffassung: »Keinesfalls ist zu bestreiten, daß der Evangelist Vollmachtsworte des Auferstandenen in der geschichtlichen Stunde von Cäsarea Philippi angesiedelt hat.« Vgl. auch F. HAHN, Die Petrusverheißung Mt 16,18f. Eine exegetische Skizze, in: Ders., Exegetische Beiträge zum ökumenischen Gespräch (Gesammelte Aufsätze I). Göttingen 1986, S. 185-200.

3 In: *Irénikon* 43 (1970), S. 529.

4 Zum Martyrium als Gründungsakt vgl. P. GRELOT, Pierre et Paul fondateurs de la »primauté romaine«, in: *Istina* 27 (1982), S. 225-268.

5 G.G. BLUM, Art. »Apostel/Apostolat/Apostolizität. II. Alte Kirche«, in: Theologische Realenzyklopädie, Bd. 3 (1978), S. 451; vgl. Ders., Tradition und Sukzession. Studien zum Normbegriff des Apostolischen von

Paulus bis Irenäus. Berlin 1963, bes. S. 208ff.; W. RORDORF, Was heißt: Petrus und Paulus haben die Kirche in Rom »gegründet«? Zu Irenäus Adv. haer. III.1,1: 3.2.3, in: J. BRANTSCHEN/P. SELVATIVO (Hrsg.), Unterwegs zur Einheit (FS H. Stirnimann). Freiburg/Wien 1980, S. 609-616.

6 Die Entwicklung der ekklesiologischen Konzeptionen von Eusebius und Athanasius ist dargestellt in dem wichtigen Werk von V. TWOMEY, Apostolikos Thronos. The Primacy of Rome as reflected in the Church History of Eusebius and the historico-apologetic writings of Saint Athanasius the Great. Münster 1982.

7 Vgl. St.O. HORN, Petrou Kathedra. Der Bischof von Rom und die Synoden von Ephesus (449) und Chalcedon. Paderborn 1982, und die Beiträge »Die Stellung des Bischofs von Rom auf dem Konzil von Chalcedon« (in dem in Anm. 1 genannten Sammelband), »Die Auseinandersetzung um die Autorität der Kirche von Konstantinopel am Vorabend des acacianischen Schismas«, in: W. BAIER u.a. (Hrsg.), Weisheit Gottes – Weisheit der Welt (FS Kard. Ratzinger). St. Ottilien 1987, Bd. I, S. 697-711.

8 K. SCHATZ, Der päpstliche Primat, a.a.O., S. 82.

Walter Kasper

Dienst an der Einheit und Freiheit der Kirche

*Zur gegenwärtigen Diskussion um das Petrusamt in der Kirche**

Die leidenschaftliche Diskussion, die seit dem Zweiten Vatikanischen Konzil in der katholischen Theologie über das Petrusamt entbrannt ist, hat die verschiedensten Ebenen. Die Leidenschaft ist nicht zuletzt im Zusammenstoß und in der Überlagerung von Fragen des Glaubens mit praktischen, im weitesten Sinn des Wortes politischen Interessen begründet. Kurzsichtige Apologetik des Bestehenden wie blinder antirömischer Affekt können dabei gleichermaßen den Blick auf die theologische Sache trüben. Im folgenden soll es ausschließlich um die Sache des Glaubens selbst gehen. Nur aus der Tiefe und Mitte des Glaubens kann wahre Erneuerung kommen. Die theologische Diskussion selbst wird von zwei unterschiedlichen Motiven gesteuert: Rückbesinnung auf die ob ihrer Schlichtheit imponierenden Ursprünge in der Bibel und in den ersten Jahrhunderten einerseits und Besinnung auf die Forderungen des neuzeitlichen Menschen nach Überwindung autoritärer Herrschaftsstrukturen und nach Verwirklichung einer freiheitlichen Ordnung anderseits. Beide Motive brauchen sich nicht unbedingt zu widersprechen; es gilt jedoch, den Primat des Theologischen über das Soziologische zu wahren. In diesem Sinn ist es die Absicht dieses Beitrags, eine Rückbesinnung auf das Evangelium als bleibenden Grund und Maß der christlichen Freiheit zu unternehmen und das Petrusamt als Dienst an der Einheit der Kirche in christlicher Freiheit zu verstehen. Vielleicht können auf diese Weise Umrisse einer künftigen neuen epochalen Gestalt des Petrusamtes deutlich werden.

Aus der Fülle der Fragen wähle ich bewußt drei Komplexe aus: 1. Die theologische Begründung, 2. Der Dienst an der Einheit, 3. Der Dienst am Glauben. Mehr in der theologischen Schulsprache formuliert: Im ersten Teil geht es um die göttliche Stiftung des Petrusamtes, im zweiten Teil um den Jurisdiktionsprimat und im dritten Teil um das gegenwärtig am meisten diskutierte Problem, die Frage der päpstlichen Unfehlbarkeit.

1. Die theologische Begründung

1. Als das Erste Vatikanische Konzil am 18. Juli 1870 den universalkirchlichen Jurisdiktionsprimat und die Unfehlbarkeit des Papstes feierlich definierte, begründete es beide Aussagen in der theologisch einzig möglichen Weise: in der göttlichen Stiftung durch Jesus Christus.[1] Legitim kann in der Kirche Jesu Christi nur sein, was sich auf Jesus Christus berufen kann. Als Grund und Haupt seiner Kirche ist er ihr bleibendes Maß.

Diese Begründung ist nicht erst heute lebhaft umstritten. Die Kirchen des Ostens haben sie in dieser Form nie anerkannt. Im Westen wurde ihr widersprochen, seit im späten Mittelalter papalistische Theorien im engeren Sinn formuliert wurden. Bereits Marsilius von Padua bestritt die göttliche Stiftung des Papsttums ausdrücklich. Luther kehrte sie, indem er den Papst als Antichrist bezeichnete, gar in ihr Gegenteil um.

Die aus der Aufklärung hervorgehende historische Bibelkritik schließlich schien der These von der Stiftung des Papsttums durch Jesus Christus endgültig den Garaus zu machen. Die klassische neutestamentliche Petrusstelle, das Felsen- und Schlüsselwort von Mt 16, 17-19, wurde immer weniger als Wort des irdischen Jesus, sondern als Wort einer nachösterlichen Gemeinde betrachtet. Das Neue an der gegenwärtigen Diskussion sind eigentlich nicht die Argumente, mit denen die bisherige theologische Begründung des Primats bestritten wird, sondern lediglich die Tatsache, daß sich diese Argumente nunmehr auch bzw. wieder bei katholischen Theologen finden. Kardinal Manning, einer der entschiedensten Vorkämpfer der Dogmatisierungen von 1870, meinte, das Dogma müsse die Geschichte besiegen; doch heute scheint vielen die Geschichte das Dogma besiegt zu haben.

Die eigentliche Krise des Papsttums ist damit zutiefst eine Legitimationskrise. Unter Legitimation versteht man im Anschluß an den Soziologen Max Weber die Rechtfertigung einer bestehenden Ordnung aus einem größeren Sinnzusammenhang heraus. Ohne Legitimationsanspruch und ohne Legitimationsglauben kann es nach M. Weber keine Ordnung von Bestand geben.[2]

Angesichts einer solchen auf die Dauer gefährlichen Legitimationskrise mußte es sensationell und epochemachend erscheinen, als im Jahr 1974 die gemeinsame Erklärung einer Gruppe lutherischer und katholischer Theologen in den USA, *Papal Primacy and the Universal Church*[3], erschien und einen weitreichenden Konsens hinsichtlich der biblischen Begründbarkeit des Petrusamtes deutlich machte. Die neutestamentliche Petrustradition ist ja viel breiter als das isoliert betrachtete Logion Mt 16,17-19, auf das man sich einseitig fixiert hatte. Zumindest ebenso wichtig ist 1 Kor 15,3-5, eine der allerältesten neutestamentlichen Traditionsschichten, wo Petrus als Erst- und Urzeuge der Auferstehung erscheint (vgl. Lk 24,34). Doch die biblische Begründung der amerikanischen Theologen besagt keineswegs, daß die Definitionen des Ersten Vatikanischen Konzils als historisch abgedeckt gelten können. Die amerikanischen Theologen stellen vielmehr fest, jeder Bibel- oder Geschichtswissenschaftler von heute würde die Frage, ob Jesus Petrus als den ersten Papst einsetzte, für anachronistisch halten, da sich diese Frage aus einem späteren Modell des Papsttums ergibt und von daher ins Neue Testament zurückprojiziert wird. »Die Frage, ob Jesus Petrus als ersten Papst einsetzte, wurde in der modernen Forschung abgewandelt zu der Frage, inwieweit der spätere Gebrauch der Petrusbilder in bezug auf das

Papsttum übereinstimmt mit der Zielrichtung des Neuen Testaments.«[4]

Diese Feststellung ist von weitreichender Bedeutung; sie zeigt eine grundlegende Neubesinnung auf die theologische Begründungsstruktur an. Die Historie ist nicht mehr die selbstverständliche Autorität, die das Dogma entweder begründen oder besiegen könnte; aber auch das Dogma kann die Geschichte nicht einfach besiegen, über sie hinweggehen und sie mundtot machen. Dogma und Geschichte müssen sich vielmehr entsprechen. Damit ist das Verhältnis von historischer und dogmatischer Methode neu formuliert.

2. Bevor wir auf diese wichtige hermeneutische Neuorientierung eingehen, wollen wir aufzeigen, wie sich dieses methodische Umdenken auch in der Bewertung der Zeugnisse der ersten Jahrhunderte als fruchtbar erweist. Bekanntlich berufen sich die römischen Bischöfe erst später, vereinzelt seit dem 3. Jahrhundert, konstant seit dem 4. Jahrhundert, auf das Felsen- und Schlüsselwort Mt 16,17-19. Dieses Wort dient im Grunde der nachträglichen Legitimierung einer Führungsrolle und eines Führungsanspruchs, der sich aufgrund sehr vielfältiger geschichtlicher Motive und Bedingungen herausentwickelt hat. Dabei darf man nicht nur an die Tatsache denken, daß Rom die Hauptstadt des römischen Reiches war; zumindest ebenso wichtig war die Erfahrung der besonderen Treue der römischen Gemeinde in den Verfolgungen, die Tatsache, daß Rom der Ort des Martyriums zweier Apostel, des Petrus und des Paulus

ist, das Motiv des Übergangs von Jerusalem nach Rom, das sich bereits in der Apostelgeschichte andeutet.

Diese Feststellung scheint mir etwas sehr Grundsätzliches zu besagen: Am Anfang stand nicht eine sich auf ein ausdrückliches Wort Jesu berufende theologische Theorie der Petrusvollmacht und der Petrusnachfolge, aus der dann der Vorrang der römischen Kirche, des römischen Bischofsitzes und schließlich des römischen Bischofs abgeleitet wurde. Am Anfang standen geschichtliche Erfahrungen. Diese Erfahrungen des Glaubens führten zu einer *relecture* der Schrift. Man entdeckte: Der dem Petrus gegebene Auftrag, seine Brüder zu stärken, hatte sich in der Kirche von Rom konkret bewahrheitet und wurde nun als bleibende Aufgabe übernommen. Nochmals grundsätzlicher formuliert: Maßgebend für die theologische Begründung des Petrusamtes war nicht die distanziert historisch-kritisch analysierte Schrift, sondern die engagiert im Zusammenhang des gelebten Glaubens der Kirche und des in ihr wirkenden Geistes angeeignete Schrift, die Schrift im Licht der Tradition – Tradition aber nicht verstanden als Summe einzelner Wahrheiten und Gebote, sondern als das, was die Kirche aus ihrem Glauben heraus ist und tut. Orthodoxie und Orthopraxis sind dabei aufs engste ineinander verschränkt.

Diese Art der Begründung des Petrusamtes in der frühen Kirche war nicht nur eine die Ausnahme bildende Verlegenheitslösung, sondern entsprach dem Offenbarungs- und Inspirationsverständnis der alten Kirche.

Offenbarung wurde damals nicht als eine fixistisch abgeschlossene Größe verstanden, sondern als etwas, was sich zwar ein für allemal ereignete, was aber doch bleibend im Heiligen Geist gegenwärtig geglaubt wurde. Die Kirche verstand sich als von Christus ein für allemal eingesetzte Institution und als je neues charismatisches Ereignis. Die Kirche darf deshalb das ein für allemal ergangene Evangelium nicht als ein starres Gesetz handhaben und verstehen, sondern muß es begreifen als Ur-Kunde der Freiheit, zu der Jesus Christus uns im Heiligen Geist frei gemacht hat. Die Frage der göttlichen Stiftung der Kirche und ihrer Ämter ist deshalb kein rein historisches Problem, sondern vor allem eine theologische Frage; *ius divinum* ist keine allein historisch aufzuweisende Kategorie, sondern eine Wirklichkeit des Glaubens, der die Schrift im Licht gemeinsamer geistlicher Erfahrung geistlich interpretiert.

Diese Sicht kann auch vor dem heute geschärften methodischen Bewußtsein bestehen. Die moderne hermeneutische Diskussion seit W. Dilthey und seit H.G. Gadamer hat gezeigt, daß die Auslegungs- und Wirkungsgeschichte eines Textes zu diesem hinzugehört und daß der geschichtliche Lebenszusammenhang mit der im Text bezeugten Sache – konkret: das Leben in und mit der Gemeinschaft der Kirche – eine unerläßliche Voraussetzung für ein richtiges Verstehen ist. Die historische Erforschung der Ursprünge des Christentums wird dadurch alles andere als bedeutungslos. Sie stellt uns den bleibend normativen Ursprung in seiner

Originalität, Frische, Unverfälschtheit und Schlichtheit vor Augen und hilft so in der Gegenwart zur Unterscheidung der Geister. Sie hat durchaus eine kritische und keineswegs nur eine affirmativ apologetische Funktion; aber sie kann diese ihre Funktion in der Theologie nur innerhalb eines umfassenderen theologischen Reflexionshorizontes haben. Norm des Glaubens kann sie nicht als isolierte Größe, sondern nur in dem Kontext der Kirche sein, in dem sie ursprünglich entstanden ist.

3. Diese hermeneutischen Überlegungen sind nicht nur für die Frage der Begründung aus der Schrift und aus der Tradition von Bedeutung, sie sind auch von grundlegender Wichtigkeit für die Interpretation des Ersten Vatikanischen Konzils selbst. Bereits R. Aubert hat in seinem angesehenen Werk über das Pontifikat Pius IX. die Vorgänge auf diesem Konzil relativ kritisch beleuchtet.[5] A. Hasler hat in seiner materialreichen, aber umstrittenen Dissertation die Vorgänge auf dem Konzil, besonders die Rolle Pius IX. einer noch viel weitergehenden ideologiekritischen Betrachtung unterzogen und die Freiheit des Konzils nachdrücklich bestritten.[6] Es ist hier nicht der Ort, um auf die historischen Einzelheiten einzugehen. Die Frage ist vielmehr: Was tragen solche historischen Feststellungen theologisch aus? Auf den wichtigsten theologischen Gesichtspunkt hat A. Hasler am Anfang seiner Untersuchung selbst hingewiesen: Das Zweite Vatikanum hat das Erste Vatikanum bei aller Betonung der bischöflichen Kollegialität diskussions-

los bestätigt. Das Erste Vatikanische Konzil ist in der katholischen Kirche rezipiert worden. Diese Rezeption bedeutet jedoch zugleich eine Interpretation. Es gilt als erwiesen, daß die in der heutigen Theologie praktisch allgemein anerkannte Interpretation des Ersten Vatikanums paradoxerweise nicht die der damals siegreichen Konzilsmajorität, sondern der damals unterdrückten und unterlegenen Konzilsminorität darstellt. Als die Minoritätsbischöfe nach teilweise schwerem innerem Ringen den Konzilstexten nachträglich ihre Zustimmung gaben, da hofften sie auf eine solche Interpretationsgeschichte. Damit haben sie recht behalten. Die Kirche ist gegenwärtig im Gefolge des Zweiten Vatikanischen Konzils daran, die sehr juridisch-autoritativ klingenden Texte des Ersten Vatikanums einer geistlichen Interpretation zu unterziehen.

Aus alledem folgt: Wir haben das Erste Vatikanum als einen nach rückwärts zur Schrift und zur Tradition der alten Kirche wie nach vorwärts offenen Text zu interpretieren. Die Theologie steht damit vor der Aufgabe einer ständigen *relecture* der lehramtlichen Aussagen im Licht von Schrift und Tradition wie im Licht neuer Erkenntnisse und Erfahrungen im Leben der Kirche. Nur so kann man der Tatsache gerecht werden, daß das Petrusamt in seiner 2000-jährigen Geschichte in sehr unterschiedlicher Weise verwirklicht wurde. Diese Entwicklung ist selbstverständlich mit dem Zweiten Vatikanum nicht zu Ende. In unseren gegenwärtigen Erfahrungen, Problemen und Krisen, besonders in den neuen ökumenischen Erfahrungen, ist in einem mühevollen geschichtlichen Prozeß eine neue epochale Gestalt des Petrusamtes im Werden.

Aus den Überlegungen zur theologischen Begründungsstruktur des Petrusamtes und der Kirche ganz allgemein ergibt sich auch bereits eine erste sachliche Konsequenz: Dem Petrusamt ist seine Vollmacht ein für allemal gegeben; weder der Papst noch die Kirche kann sie in ihrer Grundstruktur nach Belieben oder nach den jeweiligen Bedürfnissen manipulieren. Dennoch muß sich das Petrusamt wie alle anderen Ämter in der Kirche auch immer wieder neu geistlich legitimieren durch eine geistliche Ausübung seines Dienstes. Die nackte Vollmacht kann und darf in der Kirche nur der äußerste Grenzfall sein; im Normalfall gehören Amt und Charisma zusammen. Deshalb reicht eine rein formale Begründung des Petrusamtes und seiner ›Prärogativen‹ nicht aus. Wie jedes kirchliche Amt muß sich auch das im Evangelium begründete Petrusamt durch einen evangeliumsgemäßen Gebrauch glaubwürdig erweisen. Es muß von ihm eine charismatisch inspirierende, integrierende und motivierende Kraft ausgehen. Das Petrusamt muß sich in der Praxis als geistlicher Dienst an der Einheit und an der Freiheit aus dem Glauben erweisen.

2. Der Dienst an der Einheit

1. Das Erste Vatikanische Konzil ging bei seiner Primatsdefinition aus von der Notwendigkeit eines sichtbaren Prinzips und Fundaments der Einheit der Kirche. Das eigentliche Prinzip und Fundament der Einheit ist für das Erste Vatikanum selbstverständlich Jesus Christus. Der Papst ist nur dessen gleichsam sakramental-zeichenhafte Repräsentation. In diesem sakramental-zeichenhaft zu verstehenden Dienst der Einheit hat der Papst nach den Aussagen des Konzils nicht nur das Amt einer Aufsicht und Leitung, sondern die volle und oberste Jurisdiktionsgewalt über die ganze Kirche wie über alle einzelnen Kirchen.[7] Das Zweite Vatikanische Konzil hat diese Definition übernommen und gleichzeitig durch die Lehre von der Kollegialität der Bischöfe ›ausbalanciert‹.[8]

Petrus kann ja im Neuen Testament nicht von den übrigen Aposteln isoliert werden. Es gibt im Neuen Testament nicht nur die Autorität des Petrus, sondern auch die freilich etwas anders geartete Autorität des Paulus, des Jakobus und des Johannes. Wäre die Einheit der Kirche nur auf ein einziges ›Prinzip‹ gegründet, müßte sie totalitär werden. Wenn die Einheit dagegen auf relativ unterschiedene ›Prinzipien‹ und deren ›Zusammenspiel‹ gegründet ist, ist die Kirche ein offenes System.

Trotz des Versuchs des letzten Konzils, den Papst in die Kirche zu integrieren, ist im Zweiten Vatikanum mehr und öfter vom Papst die Rede als im Ersten Vatikanum. Die ›Nota praevia‹, die der Kirchenkonstitution auf Weisung einer ›höheren Autorität‹ beigegeben wurde, hat die päpstliche Vollmacht gar in einer Schärfe ausgedrückt, die zumindest formulierungsmäßig über das Erste Vatikanum hinausgeht. Sie stellt fest: »Der Papst als höchster Hirte der Kirche kann seine Vollmacht jederzeit nach Gutdünken (*ad placitum*) ausüben, wie es von seinem Amt her gefordert wird.« Diese Hinweise machen deutlich, daß das letzte Konzil bei allen Fortschritten viele ungelöste Fragen aufgibt, was das Verhältnis von Primat und Episkopat, von Universalkirche und Ortskirche angeht. Viele nachkonziliare Konflikte sind in den Formelkompromissen der Konzilstexte selbst angelegt. Das Zweite Vatikanum ist nicht nur Ende, sondern auch Anfang einer Diskussion über Wesen, Ort und Gestalt des Petrusdienstes in der Kirche. Die eigentliche Diskussion nach dem Konzil betraf nicht primär die Frage einer angemesseneren Verteilung der Jurisdiktion zwischen Papst und Bischöfen. Die nachkonziliare Diskussion fragte viel grundsätzlicher, als das Konzil es getan hatte, nach dem theologischen Sinn und der theologischen Berechtigung von Jurisdiktion überhaupt. Sie stellte den Jurisdiktionsprimat nicht erst in seiner konkreten Ausübung, sondern in seiner tiefsten Wurzel in Frage.

2. Beim Jurisdiktionsprimat des Papstes verknoten sich die allerverschiedensten Probleme:

Der Terminus Jurisdiktion ist ursprünglich im römischen Recht zu Hause; im kanonischen Recht wurde er nicht etwa abgeschwächt, sondern vielmehr erweitert. Aus bloßer Gerichtsgewalt wurde eine hoheitliche Gewalt, die Gesetzgebung, Rechtsprechung und Verwaltung einschließt. Kann ein solcher Begriff, so fragte man, geeignet sein, die brüderliche Grundstruktur der Kirche und den Dienstcharakter, der allen kirchlichen Ämtern nach dem Zweiten Vatikanischen Konzil eigen ist, auszudrücken? Kommt ein Jurisdiktionsprimat, wie er vom Ersten Vatikanischen Konzil definiert wurde, nicht von vornherein einem Angriff gegen die christliche Freiheit gleich?

Dazu kommt ein Zweites: Das Mehr an Jurisdiktion beim Papst ist nicht durch ein Mehr an sakramentaler Ordination begründet. Sakramental betrachtet, ist der Papst Bischof wie jeder andere Bischof auch. Der Jurisdiktionsprimat des Papstes setzt also die Unterscheidung von Rechtswirklichkeit und sakramentaler Lebenswirklichkeit voraus – eine Unterscheidung, die sich in dieser Deutlichkeit erst in der lateinischen Kirche des 2. Jahrtausends herausgebildet hat und die bis heute nicht in einer befriedigenden Weise theologisch geklärt ist. Das macht den orthodoxen Kirchen das Verständnis eines Jurisdiktionsprimats schon im Ansatz praktisch unmöglich.

Schließlich verbanden sich mit dem kirchenrechtlichen Begriff der Jurisdiktion im Lauf der Geschichte immer wieder Vorstellungen von der Monarchie als der vollkommensten Staatsform; im Vorfeld und im Umkreis des Ersten Vatikanums verband sich damit eine ausgesprochen antineuzeitliche und antidemokratische Autoritäts- und Gehorsamsphilosophie. Man wollte dem, wie man meinte, alles auflösenden nihilistischen Prinzip der neuzeitlichen Autonomie das katholische Prinzip der Autorität und des Gehorsams entgegenstellen. Gerade dieser letzte Gesichtspunkt macht verständlich, weshalb die allgemeine Amts- und Autoritätskrise der letzten beiden Jahrzehnte in der Krise des Petrusamtes ihre letzte Zuspitzung fand. Eine Neubesinnung auf den theologischen Sinn von Jurisdiktion und damit auch des Jurisdiktionsprimats ist deshalb unumgänglich. Es handelt sich dabei auch um ein Stück Aufarbeitung der neuzeitlichen Problematik – eine der wichtigsten Aufgaben der gegenwärtigen Theologie.

Einen ersten Schritt in dieser Richtung stellt der Vorschlag dar, statt von einem Jurisdiktionsprimat von einem Pastoralprimat des Papstes zu sprechen.[9] Man versteht darunter einen seelsorgerlichen Dienst des Papstes an der gesamten Kirche. Zweifellos kommt in diesem Vorschlag etwas sehr Wichtiges und etwas unaufgebbar Richtiges zum Ausdruck, das auch hinter dem alten päpstlichen Titel »servus servorum Dei« steht. Letztlich leuchtet hinter dem Wort Pastoralprimat das für jedes kirchliche Amt verbindliche Bild des guten Hirten, des Hirten und Bischofs unserer Seelen auf (vgl. 1 Petr 5,3f.), in dessen Hirtendienst Petrus in besonderer Weise berufen wurde (vgl. Joh 21,15-19). Der Primat in der Kirche kann nur ein Primat des Dienstes, ein Vorsitz in der Liebe sein (Ignatius von Antiochien).

Mit der Herausstellung des Dienstcharakters und des pastoralen Sinns des Petrusamtes sind freilich noch nicht alle Fragen hinsichtlich des Jurisdiktionsprimats geklärt. Es bleibt vor allem noch die Frage nach der Bedeutung von Recht und Institution in der Kirche. Gegen beides haben wir heute eine fast unwillkürliche Abneigung und Voreingenommenheit. Doch sind Recht und Institution nur Grenze der Freiheit? Sind sie nicht auch Raum und Voraussetzung konkreter Freiheit? Hegel war der Überzeugung, die Französische Revolution habe eben deshalb versagt, weil sie die Freiheit abstrakt und nicht konkret verstanden habe. Sie hat nach ihm verkannt, daß konkrete Freiheit nur dort möglich ist, wo jeder des anderen Freiheit anerkennt. Nur in der allgemeinen gegenseitigen Anerkennung ist Freiheit konkret möglich; sie ist deshalb auf eine Ordnung der Freiheit angewiesen. Manche beängstigend naive Institutionskritik von Theologen kann sich auf die Mehrzahl der Soziologen jedenfalls nicht berufen.

Für die theologische Betrachtung ist noch ein weiterer Gesichtspunkt maßgebend. Die christliche Freiheit ist nicht etwas, was man einfach hat und auf das man pochen kann. Als durch die Macht der Sünde unfrei Gewordene müssen wir zur christlichen Freiheit erst befreit werden. Die christliche Freiheit wird uns durch das Wort des Evangeliums vollmächtig zugesprochen. Das neutestamentlich verstandene Amt ist Dienst am Evangelium von der Freiheit. Es schließt deshalb alle die Freiheit unterdrückende Macht unbedingt aus, es schließt aber geistliche Vollmacht (*exousia*) im Dienst der Freiheit unabdingbar ein. Speziell zum Petrusdienst gehört nach dem Neuen Testament die Vollmacht »zu binden und zu lösen« (Mt 16,19), was nach biblischem Sprachgebrauch die Vollmacht zu lehramtlichen Entscheidungen, zum Ausschluß aus der kirchlichen Gemeinschaft und zur Wiederaufnahme in die kirchliche Gemeinschaft bedeutet.

Der Petrusdienst ist also nicht nur ein repräsentatives Zeichen, sondern ein sakramental-wirkmächtiges Zeichen der Einheit der Kirche. Der Primat der Jurisdiktion ist ein vollmächtiger Dienst an der Einheit der Kirche in evangelischer Freiheit. Aufgabe des Petrusamtes ist es demnach, die Vielfalt der Gaben, Eigenheiten und Möglichkeiten in der Kirche zur Entfaltung zu bringen und zu einem Ganzen zu integrieren. Der Papst soll schützender Raum und Hort der Freiheit wie Zentrum der Einheit und der Kommunikation sein.

Die Integrationsaufgabe des Petrusamtes setzt die Integration des Papstes in die Kirche voraus. Autorität ist ja auf die Anerkennung derer, denen diese Autorität gilt, angewiesen; sie setzt die freie Gewissensentscheidung nicht außer Kraft, sondern setzt sie notwendig voraus und kann im Grunde nur vollmächtig an sie appellieren. Dieses dialogische Verständnis von Autorität gilt in der Kirche in besonderer Weise. Das Charisma des Papstes ist gar nicht denkbar ohne das Geistcharisma der gesamten kirchlichen Gemeinschaft. Sie kann das Charisma des Papstes nur dann glaubend anerkennen, wenn sie selbst den Geist hat. In diesem Sinn muß man mit dem großen Tübinger Theologen J.A. Möhler sagen, der Papst sei der persongewordene Reflex der Einheit der Kirche.[10]

Das heißt auch nach Möhler nicht, der Papst sei ein bloßer Beauftragter der Kirche. In der besonderen Vollmacht des Papstes gegenüber der Kirche wird vielmehr zeichenhaft dargestellt, daß die Kirche ihre Einheit und ihren Geist nicht aus sich selbst, nicht aus dem freien Zusammenschluß der einzelnen Glieder und Ortskirchen hat, sondern aus der Stiftung und aus dem Heilswerk Jesu Christi. Der Papst repräsentiert also die Einheit der Kirche, indem er Jesus Christus, den letzten Grund ihrer Einheit, repräsentiert. Er steht ganz in der Kirche; er ist wie jedes andere Glied der Kirche täglich auf Vergebung und Gnade angewiesen. Aber er steht der Kirche auch gegenüber, um ihr den Grund und das Ziel ihrer Einheit zu vergegenwärtigen. So steht der Papst sowohl in der Kirche als auch ihr gegenüber. In diesem vom Wesen der Kirche her konstitutiven In – Über von Amt und kirchlicher Gemeinschaft ist das *ius divinum* des Petrusamtes letztlich begründet.

Diese Spannung von In und Gegenüber gilt freilich nicht nur für das Verhältnis von Papst und Kirche. Sie ist für die Kirche auf jeder Ebene kirchlicher Einheit maßgebend: in der einzelnen Gemeinde, in der Diözese und in der Gesamtkirche. In der Spannung des In und Gegenüber ist deshalb auch das *ius divinum* des Episkopats begründet. Der einzelne Bischof und das Bischofskollegium als ganzes haben ihre Vollmacht nicht vom Papst, sondern unmittelbar von Jesus Christus. Die Bischöfe sind vom Heiligen Geist eingesetzt, die Herde Christi zu weiden (vgl. Apg 20,28). Sie sind keine Vikare und Delegaten des Papstes, sondern haben in Gemeinschaft mit ihm und dem gesamten Bischofskollegium eine relativ eigenständige pastorale Verantwortung.[11] Im Verhältnis von Primat und Episkopat geht es also gar nicht nur um eine bloß äußere, irgendwie beliebige Umverteilung von Zuständigkeiten. Pluralität und Subsidiarität wie Kollegialität und Solidarität zwischen den Bischöfen wie zwischen Papst und Bischöfen ergeben sich aus dem Wesen der Kirche selbst.

3. Mit dieser Sicht ist die Vorstellung von der Kirche als einer hierarchisch aufgebauten Pyramide überschritten zugunsten des altkirchlichen Verständnisses der Kirche als einer *communio*-Einheit von Kirchen. Diese altkirchliche *communio*-Idee geht davon aus: Kirche ist überall, wo das Wort Gottes verkündet, die Sakramente des Glaubens gefeiert und der Dienst der christlichen Brüderlichkeit geübt wird. Die eine Kirche realisiert sich also in vielen Kirchen, die freilich nur dann im vollen Sinn Kirche sind, wenn sie die *communio*, die sie in Jesus Christus haben, durch die *communio* untereinander bezeugen.

Die Rückbesinnung auf die *communio*-Ekklesiologie des ersten Jahrtausends bräuchte und dürfte die Entwicklung des zweiten Jahrtausends, die im Ersten Vatikanischen Konzil zu ihrem Höhepunkt gekommen ist, nicht verleugnen oder ausklammern. Die Entwicklung des zweiten Jahrtausends seit der Gregorianischen Reform stand ja unter dem Leitwort der *libertas ecclesiae*, der Freiheit und Unabhängigkeit der Kirche von nationalen Interessen. Die Abhängigkeit von Rom war und ist noch heute für viele Lokalkirchen, die unter schwierigen politischen Verhältnissen zu leben haben, oft der letzte Rest innerkirchlicher Unabhängigkeit und Freiheit. Die Unabhängigkeit und Freiheit kann jedoch nicht nur durch staatliche Gewalt bedroht sein, sondern ebenso von den viel sublimeren und deshalb viel gefährlicheren gesellschaftlichen Zwängen und Plausibilitäten. Die Befreiung der Kirche vom germanischen Eigenkirchenwesen hat freilich in der Praxis weitgehend zu einem Romkirchenwesen (J. Ryan), zu einer Auflösung der altkirchlichen *communio*-Struktur zugunsten einer zentralistisch verstandenen Kircheneinheit geführt. Die Aufgabe, vor der wir heute stehen, ist eine Synthese der Entwicklung des ersten und des zweiten Jahrtausends als Weg ins dritte Jahrtausend der Kirchengeschichte. Es gilt, das Petrusamt als Dienst an der Einheit und an der Freiheit der Kirche zu verstehen. Eine solche Konzeption hat für die viel diskutierten Fragen der Reform des Petrusamtes weitreichende Konsequenzen. Analysiert man nämlich die verschiedenen Reformvorschläge etwas genauer, dann stellt man fest, daß sich dahinter zwei unterschiedliche Tendenzen mit zwei unterschiedlichen Ekklesiologien verbergen.

Die erste mehr universalistische Tendenz sieht im Papst in erster Linie den Dienst an der Einheit der Gesamtkirche. Sie möchte ihn entsprechend von einem für die Gesamtkirche repräsentativen Gremium gewählt sehen und sein Amt effektiver mit den Teilkirchen verbinden durch ein System von Synoden, Räten, Konsultationen u.ä. In dieser universalistischen Sicht wird die Trennung von Rechtsbereich und sakramentalem Bereich in der Kirche eher noch verstärkt. Das bringt die Gefahr mit sich, daß der Papst am Ende als Superbischof oder gar als eine Art Kirchenpräsident und Generalsekretär der vereinigten katholischen Kirchen betrachtet und vom konkreten kirchlichen Leben einer Ortskirche entfremdet wird. Dies käme einer völligen Trennung von Jurisdiktion und sakramentaler Lebenswirklichkeit und damit einer Säkularisierung des Petrusamtes gleich.

Dieser Gefahr möchte die zweite mehr kommuniale Tendenz steuern. Sie sieht den Papst in erster Linie als Bischof von Rom, also im Lebenszusammenhang mit einer konkreten Ortskirche und ihren pastoralen Problemen. Als Bischof von Rom kommt dem Papst nach dieser Meinung der gesamtkirchliche Dienst an der Einheit zu. Als Bischof von Rom hätte er auch die relative Eigenständigkeit der anderen Bischöfe und ihrer Kirchen zu wahren.

Zweifellos hätte diese zweite Sicht eine Beschränkung in der administrativen Ausübung der universalkirchlichen Verantwortung des Papstes zur Folge. Doch dies wäre eher ein Vorteil. Auf diese Weise könnte die maßlose und unmenschliche Überforderung, der der Papst persönlich ausgesetzt ist, abgebaut werden. Eben dadurch könnte aber auch die spezifisch petrinische Funktion seines Amtes deutlicher zum Vorschein kommen. Das Eigentliche des Petrusdienstes liegt ja nicht im Administrativen, sondern im geistlichen, sakramental-zeichenhaften Dienst an der Einheit. Deshalb ist es ein geschichtliches Unglück, daß die petrinische Funktion des Bischofs von Rom schon bald verwechselt wurde mit der administrativen Funktion des römischen Bischofs als Patriarch der lateinischen Kirche und mit dem Versuch, diese patriarchalen Rechte auf die Patriarchate des Ostens auszudehnen durch ein einheitliches Kirchenrecht, einheitliche Liturgie, einheitliche Besetzung der Bischofsstühle von einer Zentrale aus. All dies ist mit dem Petrusamt nicht notwendig gegeben. Würde es sich von diesem historischen Ballast in Zukunft wieder freimachen, so würde es zugleich frei für den Dienst an der größeren Einheit der Kirche.

Die ökumenischen Perspektiven, die sich von hier aus für die Wiederversöhnung mit den Kirchen des Ostens wie für eine korporative Kircheneinheit mit Teilen der reformatorischen Christenheit ergeben, können in diesem Zusammenhang leider nicht behandelt werden. Es ist auch so deutlich: Das Petrusamt, gegenwärtig noch das stärkste Hemmnis der Einheit (Paul VI.), hat seine ökumenischen Potentialitäten noch gar nicht voll entfaltet. Es könnte in Zukunft auch eine bisher nicht voll wahrgenommene Chance der Einheit sein. Keine andere kirchliche Gemeinschaft hat bisher ein

Alternativmodell universalkirchlicher Einheit entwickeln können. Eine solche Sicht hat aber auch Bedeutung für die katholische Kirche und für ein tieferes Wesensverständnis des Petrusamtes selbst. Denn wenn man heute zu Recht für die einzelnen Ortskirchen einen größeren Spielraum der Freiheit fordert, um den unterschiedlichen nationalen oder kontinentalen Eigentümlichkeiten und Bedürfnissen gerecht werden zu können, dann bedeutet dies in der Konsequenz für das Petrusamt nicht ein Weniger, sondern ein Mehr an Dienst an der Einheit gegenüber der Auflösung in einen totalen Pluralismus. Diese Situation erfordert aber auch ein Mehr an Dienst für die Freiheit der Einzelkirchen gegenüber falscher Anpassung an ihre jeweilige Situation. Das klingt paradox und ist doch sinnvoll, wenn man das Mehr nicht als quantitative Vermehrung einzelner juristischer Vollmachten, sondern als qualitative Konzentration auf das Wesentliche versteht: die Stärkung der Brüder durch das Zeugnis des einen Glaubens an den einen Herrn Jesus Christus. Allein in diesem einen Glauben ist Einheit theologisch notwendig, in allem übrigen kann und soll Vielfalt und Freiheit herrschen.

Zusammenfassend: Der Jurisdiktionsprimat als vollmächtiger Dienst an der Einheit der Kirche ist letztlich ein Dienst an der Einheit und Freiheit des Glaubens an Jesus Christus. In diesem Sinn ist er heute nicht am Ende, sondern am Anfang einer neuen Epoche seiner Geschichte.

3. Der Dienst am Glauben

1. Die Kirche Jesu Christi und ihre Einheit kommen primär weder aus dem Zusammenwirken ihrer Glieder und Ortskirchen noch aus der integrierenden und koordinierenden Funktion eines obersten Leitungsamtes. Die Einheit der Kirche ist zuerst und vor allem die Einheit im einen Glauben an den einen Gott, den Vater des einen Herrn Jesus Christus. Der petrinische Dienst an der Einheit muß darum vor allem ein Dienst am Glauben sein. So war es von der Sache her konsequent, wenn das Erste Vatikanische Konzil seine Primatsdefinition in der Unfehlbarkeitsdefinition aufgipfeln ließ und damit deutlich machte, daß es beim Petrusamt primär nicht um eine Organisationsspitze, um ein allenfalls auch soziologisch wünschenswertes Kommunikationszentrum und dergleichen geht, sondern letztlich um einen *primatus fidei*, einen voll mächtigen Dienst am Glauben.

Über diese Definition ist es zur größten nachkonziliaren Auseinandersetzung gekommen. Diese Diskussion ist trotz beträchtlichem Aufwand bisher ziemlich ergebnislos verlaufen. Das Folgende ist deshalb auch ein Plädoyer für eine sachliche Neuaufnahme dieser Diskussion. Aus der Fülle der anstehenden Probleme greife ich zwei Problemkomplexe heraus.

2. Der erste Komplex betrifft die richtige Interpretation der Definition von 1870 selbst. Bekanntlich formulierte das Konzil, der Papst besitze dann die Unfehl-

barkeit, die Jesus Christus der Kirche bei endgültigen Entscheidungen gegeben hat, wenn er *ex cathedra* spricht, das heißt, wenn er als Hirt und Lehrer aller Christen mit höchster apostolischer Vollmacht endgültig entscheidet, eine Lehre über Glauben und Sitten sei von der ganzen Kirche festzuhalten.[12] Von der Unfehlbarkeit der Kirche als solcher und als ganzer hat das Zweite Vatikanum festgestellt, die Gesamtheit der Gläubigen könne in Gemeinschaft mit dem Lehramt der Kirche nicht irren. »Und diese ihre besondere Eigenschaft macht sie durch den übernatürlichen Glaubenssinn des ganzen Volkes dann kund, wenn sie von den Bischöfen bis zu den letzten Laien ihre allgemeine Übereinstimmung in Sachen des Glaubens und der Sitten äußert.«[13]

Das Problem, das sich hinter diesen beiden Aussagen verbirgt, liegt auf der Hand: Wie verhalten sich die der Kirche als ganzer gegebene Unfehlbarkeit und die Unfehlbarkeit des Papstes zueinander? Wann spricht der Papst wirklich *ex cathedra*, d.h. als Hirt und Lehrer der ganzen Kirche?

Die Majorität auf dem Ersten Vatikanum hat es strikt abgelehnt, die Kathedralentscheidung des Papstes an bestimmte Bedingungen zu knüpfen. Der Minorität dagegen ging es darum, deutlich zu machen, daß der Papst als sprechender Mund der unfehlbaren Kirche unfehlbar sei. Deswegen war sie der Meinung, daß der Papst auf das Zeugnis der Kirche in Geschichte und Gegenwart angewiesen sei. Selbstverständlich wollte auch die Majorität, wenigstens in ihren einigermaßen gemäßigten Vertretern, keine *infallibilitas privata et separata* des Papstes. Sie wollte nur sagen: Wenn der Papst *ex cathedra* spricht, dann ist er auch Zeuge des Glaubens der Kirche; die Mittel, deren er sich bedient, um sich des Zeugnisses der Kirche zu versichern, lassen sich wegen der Vielfalt der geschichtlichen Umstände nicht ein für allemal bindend festlegen. Um wenigstens zu einer Annäherung zu kommen, sagte man schließlich in dem der Definition vorangehenden Lehrkapitel, daß und wie die Päpste in der bisherigen Geschichte ihr Amt jeweils im Benehmen mit der Kirche ausgeübt hatten. Für Bischof Hefele, einen der profiliertesten Vertreter der Minorität, war diese Aussage die Brücke, um nach schwerem innerem Ringen den Konzilstexten nachträglich doch noch seine Zustimmung geben zu können. Er war der Meinung, es handle sich hier nicht nur um eine unverbindliche historische Notiz, sondern um eine auch für die Zukunft normative Aussage.[14] Wie dem auch sei, Tatsache ist, daß den beiden einzigen Kathedralentscheidungen, die es gibt, den Dogmatisierungen von 1854 und 1950, jeweils Befragungen des Gesamtepiskopats vorausgingen. So hat die Kirche zumindest in ihrer Praxis eine Interpretation des vatikanischen Dogmas vorgenommen.

Theologisch kann man aufzeigen, daß eine Unfehlbarkeit des Papstes ohne eine unfehlbare Kirche ein Unding und ein Unbegriff wäre. Die Unfehlbarkeit des Papstes ist nur sinnvoll, wenn die kirchliche Gemeinschaft diese Unfehlbarkeit unfehlbar glaubt. Die Unfehlbarkeit des Papstes setzt also die der Kirche voraus. Deshalb ist die kanonistische Doktrin, nach der ein persönlich häretischer Papst eo ipso sein Amt verliert, keine zur Unfehlbarkeit des Papstes querliegende Sondermeinung, sondern im Rahmen einer theologisch sinnvollen Unfehlbarkeitsauffassung völlig systemkonform gedacht, ja zwingend notwendig. Der Papst ist auf die Kirche bezogen, die Kirche aber auch auf den Papst. Glaubenswahrheit ist immer Zeugniswahrheit; sie ist an gesandte und bevollmächtigte Zeugen gebunden. Die Kirche kann wie jede andere menschliche Gemeinschaft nur durch einzelne, die sie repräsentieren, sprechen und handeln. Um überhaupt aktionsfähig zu sein, bedarf die Unfehlbarkeit der Gesamtkirche der Unfehlbarkeit des Papstes. Das bedeutet nicht, daß der Papst nur das statistische Mittel der jeweils in der Kirche herrschenden Glaubensüberzeugungen aussprechen und niemals kritisch gegen die Statistik und gegen die herrschenden Stimmungen und Plausibilitäten Stellung nehmen dürfe. Der *sensus fidelium* ist ja nicht mit der heute weitgehend säkulariserten öffentlichen Meinung gleichzusetzen. Der Papst repräsentiert auch hier die Einheit der Kirche, indem er Jesus Christus repräsentiert. Er repräsentiert die Souveränität des Evangeliums über der Kirche.

Diese Souveränität des Evangeliums über der Kirche dürfte, wie heute teilweise auch protestantische Theologen einräumen[15], der theologisch legitime Sinn der so mißverständlichen Formel sein, wonach päpstliche Kathedralentscheidungen aus sich (*ex sese*) und nicht aufgrund der Zustimmung der Kirche letztverbindlich sind.[16] Diese Formel ist unglücklich und sollte durch eine bessere ersetzt werden. Denn sie soll von ihrer sachlichen Intention her nicht ausschließen, daß der Papst vor seiner Definition auf das Zeugnis der Kirche hören muß, noch daß seine Definition der nachträglichen interpretierenden Rezeption durch die Kirche bedarf. Gesagt ist nur, daß solche Entscheidungen ihrer formal-juridischen Verbindlichkeit nach nicht der Überprüfung durch eine höhere juristische Instanz fähig sind, daß man also nicht vom Papst an ein allgemeines Konzil appellieren kann. Es geht darum, deutlicher zu machen, daß das Evangelium der Kirche unverfügbar gegenübersteht. Aus dieser wechselseitigen Dialektik von kirchlicher und päpstlicher Unfehlbarkeit ergeben sich praktische Konsequenzen. Die erste Konsequenz besagt, daß die *Ex-cathedra*-Entscheidungen des Papstes das Außerordentliche sind, wohingegen die anderen Formen kirchlicher Glaubensverkündigung das Ordentliche darstellen. Die ordentliche kollegiale Verkündigung der Bischöfe, aber auch die Verkündigung der Priester und das Glaubenszeugnis der Laien dürfen nicht überspielt werden durch permanente Äußerungen einer zentralen Bürokratie, vielmehr kann die Stellungnahme des Zentrums – wenigstens im Normalfall – erst nach einer gründlichen Meinungsbildung ›von unten‹ ›spruchreif‹ sein. Es wäre auch im höchsten Maße unklug, den Unfehlbarkeitsanspruch möglichst extensiv auch auf die ordentliche Lehrverkündigung des Papstes ›ausstrahlen‹ zu lassen. Das Schwert könnte stumpf geworden sein, wenn man es wirklich einmal braucht. Zum zweiten: Alle amtliche Verkündigung ist auf den Dialog mit den Gläubigen angewiesen. Nur wenn der *sensus fidelium*, die gelebten Glaubensüberzeugungen des Volkes Gottes, in sie eingebracht wird, kann sie vor Erstarrung in einem rein deduktiven Systemdenken und vor einer oft als so abschreckend empfundenen Abstraktheit bewahrt werden. Die lehrende Kirche muß also erst die hörende Kirche reden lassen, damit diese auch wirklich hören kann. Andernfalls gibt sie Antworten, wo keine Fragen bestehen, während die gestellten Fragen unbeantwortet bleiben.

3. Die Unfehlbarkeit des Papstes und die der Kirche bilden also ein in sich strukturiertes Ganzes. Das führt uns zum zweiten Problemkomplex, nämlich zu der Frage: Was meint Unfehlbarkeit überhaupt? Das Wort ›unfehlbar‹ ist mißverständlich, weil es nahelegen kann, der Papst sei ohne Fehler. Das ist selbstverständlich nicht gemeint. Es geht vielmehr um die Frage, wie die Kirche letztverbindlich spricht. Deshalb hat man vorgeschlagen, statt von Unfehlbarkeit von Letztverbindlichkeit zu sprechen.[17]

Es ist das unbestreitbare Verdienst von H. Küng, die Diskussion auf diese grundsätzliche Ebene geführt zu haben.[18] Das sollte man anerkennen, auch wenn man die Antwort, die Küng selbst auf seine Anfrage vorschlägt, für ungenügend hält. Küng geht es letztlich nicht allein um die Unfehlbarkeit des Papstes, sondern ebenso um die Unfehlbarkeit der Konzilien und der Schrift. Seine These lautet: Nemo infallibilis nisi Deus ipse.[19] Menschliche Sätze können wahr oder falsch sein, je nachdem sie konkret situiert sind.[20] Die Kirche braucht nach ihm zwar in extremen Situationen, wo ein endgültiges Ja oder Nein erfordert ist, verbindliche Glaubensformulierungen. Diese können jedoch nur situationsbedingte pragmatische Sprachregelungen sein, Maßnahmen auf Zeit, die irrig sein können. Dogmen, die apriori über allen Irrtum erhaben sind, braucht die Kirche nicht.[21] Die Kirche wird in der Wahrheit erhalten trotz aller immer möglichen Irrtümer.[22]

Dieser Reduktion der Infallibilität der Kirche auf ihre Indefektibilität, ihre Unzerstörbarkeit hat die Erklärung *Mysterium ecclesiae* von 1973 widersprochen.[23] In der Tat muß man fragen, ob ein Anspruch auf letzte Verbindlichkeit anders als durch den Anspruch auf Wahrheit begründet werden kann. Letzte Verbindlichkeit, die nicht in der unbedingten Gewißheit der Wahrheit selbst begründet ist, ist etwas grauenhaft Despotisches und Tyrannisches. Unbedingte Verbindlichkeit kann nur unbedingte Wahrheit beanspruchen. Die Grundfrage ist deshalb nicht das Verhältnis von kirchlicher und päpstlicher Unfehlbarkeit, sondern das Verhältnis von unbedingter göttlicher Wahrheit und geschichtlich bedingter menschlicher Wahrheitsaussage. Gibt es Absolutes in der Geschichte? Gibt es Letztverbindliches in der Geschichte?

Die Frage nach Unbedingtheit und Geschichtlichkeit der Wahrheit läßt sich theologisch nur von Jesus Christus her beantworten. In ihm ist die Wahrheit Gottes eschatologisch-endgültig in die Geschichte gekommen und bleibend auf eine menschlich-geschichtliche Weise in ihr gegenwärtig. Die Kirche ist der Ort der bleibenden Anwesenheit des Wortes Gottes, das ›Zelt des Wortes‹, und damit das Sakrament der Wahrheit.

Die Kirche wäre gar nicht mehr die Kirche Jesu Christi, könnte sie aus der Wahrheit Jesu Christi herausfallen. Der eschatologische Sieg der Wahrheit Gottes über die Mächte der Finsternis wäre dann wieder aufgehoben. Doch Wahrheit ist unter Menschen an Sprache und insofern auch an Sätze gebunden. Die Wahrheit ist keine freischwebende Hypostase über der Kirche. Sie wäre sonst nicht mehr die Wahrheit des fleischgewordenen Wortes Gottes, sondern Wahrheit im Sinne Plotins, die auf das sich je entziehende, unaussprechliche, sprachlose Eine gerichtet ist. Die christliche Wahrheit aber ist konkret. Das Petrusamt ist nur die letzte Zuspitzung dieser ärgerlichen Konkretheit.

Die Grundfrage, die sich im Streit um die Unfehlbarkeit stellt, lautet also: Versteht sich die Kirche nur als *creatura verbi*, die immer wieder neu Ereignis wird, »ubi et quando Deo visum est«, oder versteht sie sich auch als Sakrament, d.h. als wirksames, vergegenwärtigendes Zeichen der Wahrheit? In dieser Frage stehen die Grundlagen des katholischen Kirchenverständnisses auf dem Spiel.

Ein sakramentales Kirchenverständnis ist alles andere als eine unkritische Ideologisierung der Kirche. Es besagt einerseits, daß die konkrete sichtbare Kirche der Ort und der Raum des Glaubens ist. Es besagt auf der anderen Seite aber auch, daß die sichtbare Kirche nur Sakrament, nur Zeichen ist, das auf die eigentliche ›Sache‹ des Glaubens hinweist. Die Dogmen sind also nicht der eigentliche Inhalt und das Ziel des Glaubens. Inhalt und Ziel des Glaubens ist allein Gott, der sich durch Jesus Christus im Heiligen Geist geoffenbart hat. Die Einheit in diesem Glauben bedeutet nicht unbedingt die Einheit in allen Ausformulierungen dieses Glaubens. Die Dogmen sind Symbole, Einführungen und Einweisungen ins Geheimnis des Glaubens. Die Unähnlichkeit jeder ihrer Aussagen ist je größer als die Ähnlichkeit mit der gemeinten Sache. Deshalb ist es legitim zu unterscheiden zwischen dem immer geschichtlich bedingten, unter Umständen sogar mit irrigen weltanschaulichen und irrigen theologischen Vorstellungen amalgamierten Wort der Kirche und der darin bezeugten ›Sache‹. Ein solches geschichtliches Dogmenverständnis ist durch die Eröffnungsrede Papst Johannes XXIII. zum Zweiten Vatikanischen Konzil[24], durch die Pastoralkonstitution *Gaudium et spes*[25] und durch die Erklärung *Mysterium ecclesiae*[26] inzwischen auch lehramtlich legitimiert. Das heißt: Ein unfehlbares Dogma ist als ein geschichtlich offener Satz zu verstehen. Unfehlbare Dogmen sind, wie H. Schlier feinsinnig bemerkt, etwas endgültig Denkwürdiges.[27]

Das Problem hat jedoch noch eine tiefere Dimension. Nach der Lehre des Ersten Vatikanischen Konzils ist der letzte Grund des Glaubens nicht das autoritative Zeugnis der Kirche, das im Gehorsam angenommen wird, sondern die Autorität der Wahrheit des sich selbst offenbarenden Gottes.[28] Nur weil und insofern ich im Glauben, und das heißt im Heiligen Geist, von der Wahrheit eines lehramtlichen Satzes überzeugt bin, kann und darf ich diesen Satz der Kirche bzw. dem *ex cathedra* sprechenden Papst ›abnehmen‹. Ich glaube als katholischer Christ nicht dem Papst, sondern der Wahrheit, die der Papst bezeugt, bzw. der Wahrheit, die sich durch den Papst bezeugt. Es gibt also in aller kirchlichen Vermittlung eine noch fundamentalere Unmittelbarkeit des Christen zu Gott. Hier liegt die tiefste unübersteigbare innere Grenze des Unfehlbarkeitsanspruchs der Kirche begründet. Das fordert von der kirchlichen Autorität einen neuen, nicht autoritativen, sondern in erster Linie argumentativen Stil der Glaubensverkündigung. J.H. Newman hat bekanntlich einmal geäußert, wenn er einen Trinkspruch auf die Religion auszubringen hätte, dann würde er trinken »freilich auf den Papst, jedoch zuerst auf das Gewissen und dann erst auf den Papst«.[29] Vielleicht deutet sich gerade in diesem Wort eine neue epochale Gestalt des Petrusamtes für das dritte Jahrtausend der Kirchengeschichte an: das Petrusamt als Dienst an der Einheit des Glaubens in christlicher Freiheit. Wir brechen hier ab und fassen zusammen.

Mir scheint, den Ausführungen über die Begründung des Petrusamtes, über seinen Dienst an der Einheit und seinen Dienst am Glauben liegt eine einheitliche Grundstruktur zugrunde. Es geht nicht mehr um die starre Einheit, von der die antike Metaphysik ausging: ein Gott – ein Reich – ein Kaiser. Diese unitarische Sicht wurde durch das christliche Trinitätsdogma aufgesprengt zugunsten einer Einheit in der Vielheit und einer Einheit durch gegenseitige Durchdringung (Perichorese). Diese trinitarische Logik und Grammatik liegt allem bisher Gesagten zugrunde. Sie begründet eine Einheit der Kirche in der Vielfalt von Kirchen, die durch die *communio* des einen Glaubens, der gemeinsamen Eucharistie und des brüderlichen Dienstes verbunden sind.

Im einzelnen bedeutet diese trinitarische Sicht: Kirche und Petrusamt sind zunächst pneumatologisch zu verstehen als Wirklichkeiten, die sich im Geist geschichtlich herausgebildet haben, nur im Geist Gottes verstanden werden können und im Geist auch immer wieder neu in charismatischer Weise verwirklicht werden müssen. Der Geist ist der Kirche allgemein gegeben; die Brüderlichkeit ist deshalb die Grundstruktur der Kirche. Doch der Geist ist zugleich der Geist Jesu Christi. Er ist ein für allemal durch Jesus Christus geschenkt und bleibend an das Maß Jesu Christi gebunden. Dieses maßgebende Gegenüber Christi zur Kirche wird durch das kirchliche Amt, zusammenfassend durch das Petrusamt, vollmächtig vergegenwärtigt. Dabei ist auch das Amt an das Maß Jesu Christi gebunden. Es kann Autorität in der Nachfolge Jesu nur in kenotischer Weise, in der Weise des Verzichts, der Entäußerung, der Machtlosigkeit ausüben; es muß die befreiende und freisetzende Kraft des Evangeliums Jesu Christi zur Geltung bringen. Nur in solcher Nachfolge Jesu ist die Kirche im Heiligen Geist auf dem Weg zum Vater. Alles, was sie sagt und tut, ist nur ein vorläufiges Bild und Gleichnis, das über sich hinausweist in das je größere eschatologische Geheimnis Gottes hinein. Im Reich Gottes, das zugleich das Reich der Freiheit der Söhne Gottes sein wird, werden alle äußeren Vermittlungen einmal aufgehoben sein. Sie haben darum nur ein Ziel: Sie sollen der eschatologischen Anbetung Gottes und der eschatologischen Freiheit der Menschen dienen und sich am Ende selbst überflüssig machen.

Eine solche Konzeption, nämlich Petrusamt als Dienst an der Einheit und Freiheit der Kirche,
– könnte eine Synthese der Entwicklung des ersten und des zweiten Jahrtausends sein,
– sie könnte helfen, katholisches Autoritätsprinzip und neuzeitliches Freiheitsprinzip miteinander zu versöhnen
– und sie könnte im dritten Jahrtausend ein Weg sein zur größeren ökumenischen Einheit der Kirche, die uns heute unabweisbar aufgegeben ist.

Die Krise könnte ein Kairos sein, wenn sie uns hilft, das Petrusamt aus dem Wesen des Christlichen, der Nachfolge Christi im Geist Christi zur Verherrlichung des Vaters, tiefer zu verstehen und besser zu verwirklichen.

Anmerkungen:

* Bei diesem Beitrag handelt es sich um die gekürzte und leicht überarbeitete Fassung eines Aufsatzes, der erstmals in der Zeitschrift *Catholica* 23 (1978), S. 1ff., veröffentlicht worden ist.

1 Vgl. DS 3053-3055, 3056-3058. Das II. Vatikanische Konzil hat diese Begründung übernommen, vgl. *Lumen gentium*, 18.

2 Vgl. M. Weber, Gesammelte Aufsätze zur Wissenschaftslehre. Tübingen [3]1973, S. 475-488.

3 P.C. Empie/T. Austin Murphy, Papal Primacy and the Universal Church (Lutherans and Catholics in Dialogue V). Minneapolis 1974.

4 Zit. nach der Übersetzung bei R.E. Brown u.a. (Hrsg.), Der Petrus der Bibel. Eine ökumenische Untersuchung. Stuttgart 1976, S. 158.

5 R. Aubert, Le pontificat de Pie IX. (1846-1878) (Histoire de l'Eglise 21). Paris 1952; Ders., Vaticanum I (Geschichte d. ökum. Konzilien 12). Mainz 1965.

6 A.B. Hasler, Pius IX. (1846-1878), Päpstliche Unfehlbarkeit und 1. Vatikanum. Dogmatisierung und Durchsetzung einer Ideologie, in: Päpste und Papsttum, 12/1 u. 2, hrsg. v. G. Denzler. Stuttgart 1977.

7 Vgl. DS 3059-3064.

8 Vgl. *Lumen gentium*, 22f.

9 Vgl. H. Küng, Die Kirche. Freiburg/Basel/Wien 1967, S. 522-562 (Petrusamt und Petrusdienst); Ders., Unfehlbar? Eine Anfrage. Zürich/Einsiedeln/Köln 1970, S. 197-202.

10 J.A. Möhler, Die Einheit in der Kirche oder das Prinzip des Katholizismus, hrsg., eingel. u. komm. v. J.R. Geiselmann. Darmstadt 1957, S. 228.

11 Diese Lehre wurde schon vom Ersten Vatikanischen Konzil vertreten (vgl. DS 3061) und dann in der von Pius IX. ausdrücklich bestätigten Erklärung des deutschen Episkopats von 1875 gegenüber der *Circular-Depesche* Bismarcks deutlich herausgestellt (vgl. DS 3112-3116).

12 Vgl. DS 3074.

13 *Lumen gentium*, 12.

14 Vgl. den Brief Hefeles an den Klerus seiner Diözese, abgedruckt in: ThQ 150 (1970), S. 164f. Zur Interpretation vgl. K. Schatz, Kirchenbild und päpstliche Unfehlbarkeit bei den deutschsprachigen Minoritätsbischöfen auf dem I. Vatikanum (Misc. Hist. Pont. 40). Rom 1975, S. 380-420.

15 H. Ott, Die Lehre des I. Vatikanischen Konzils. Ein evangelischer Komentar. Basel 1963, S. 161-172; W. Pannenberg, Thesen zur Theologie der Kirche. München 1970, S. 46f.

16 DS 3074.

17 Vgl. H. Fries, Das mißverständliche Wort, in: K. Rahner (Hrsg.), Zum Problem der Unfehlbarkeit. Antworten auf die Anfrage von Hans Küng (Quaestiones disputatae 54). Freiburg/Basel/Wien 1971, S. 227,

231f.; H.U. von Balthasar, Der antirömische Affekt. Wie läßt sich das Papsttum in die Gesamtkirche integrieren? Einsiedeln/Trier [2]1989, S. 184.

18 H. Küng, Unfehlbar?, a.a.O.

19 Vgl. ebd., S. 149.

20 Vgl. ebd., S. 138, 140.

21 Vgl. ebd., S. 120, 122, 195.

22 Vgl. ebd., S. 143, 148f.

23 Erklärung *Mysterium ecclesiae* zur katholischen Lehre über die Kirche und ihre Verteidigung gegen einige Irtümer von heute, hrsg., eingel. u. komm. v. K. Lehmann (Nachkonziliare Dokumentationen 43). Trier 1975, S. 144ff.

24 Zit. in: AAS (1962), S. 792; deutsch in: *Herderkorrespondenz* 17 (1962/63), S. 87.

25 *Gaudium et spes*, 62.

26 Erklärung *Mysterium ecclesiae*, S. 148ff.

27 Vgl. H. Schlier, Was heißt Auslegung der Schrift?, in: Ders., Besinnung auf das neue Testament. Exegetische Aufsätze und Vorträge II. Freiburg/Basel/Wien 1964, S. 61.

28 Vgl. DS 3008.

29 J.H. Newman, Kirche und Gewissen, in: Ders., Polemische Schriften (Ausgew. Werke 4). Mainz 1959, S. 171.

Heinz-Joachim Fischer

Der Papst als Politiker

Otto von Bismarck, preußischer Ministerpräsident und Bundeskanzler des Norddeutschen Bundes, erkannte scharfsichtig die politische Bedeutung des neuen Dogmas. Zunächst hatte er freilich anderes zu tun, als gegen die Entscheidung des Ersten Vatikanischen Konzils über die Unfehlbarkeit des Papstes und dessen »höchste Gewalt der Jurisdiktion über die gesamte katholische Kirche« mobil zu machen. Als die Bischöfe in der Peterskirche zu Rom die Dogmatische Konstitution *Pastor aeternus* berieten, war Bismarck mit der Redaktion der *Emser Depesche* und mit militärischer Mobilität beschäftigt, mit dem Tauziehen zwischen Preußen und Frankreich um die Kandidatur eines Hohenzollern-Sprosses für den spanischen Königsthron. Einen Tag nach der Verkündigung des Dogmas über die Stellung des Pontifex Maximus am 19. Juli 1870 erklärte Frankreich dem Preußenstaat den Krieg. Das Konzil »vertagte« sich auf den 11. Oktober, wie wir wissen.

Als der zum Reichskanzler und Fürsten erhobene Bismarck wieder Zeit fand, sich mit der katholischen Kirche zu beschäftigen, mit dem Papst und dessen weltlich-politischer und kirchenpolitischer Stellung, mit den katholischen Bischöfen in dem protestantisch beherrschten einigen Deutschen Reich, mit der katholischen Zentrumspartei und deren Verhältnis zum Staat, mit den Katholiken in Süd- und Westdeutschland und den in Preußen lebenden katholischen Polen, faßte er seine Meinung über den Römischen Bischof in der berühmten *Circular-Depesche* zusammen. Diese trägt das Datum vom 14. Mai 1872, wurde jedoch noch einmal, im nun sich verschärfenden »Kulturkampf«, am 29. Dezember 1874 im »Deutschen Reichsanzeiger und Königlich Preußischen Staatsanzeiger« veröffentlicht. Für so wichtig hielten die deutschen Bischöfe diese Depesche Bismarcks, daß sie sich sofort zu einer »Gemeinsamen Erklärung« (*Declaratio collectiva*) veranlaßt sahen und diese mit ungewöhnlicher Eile im Januar und Februar 1875 ausarbeiteten. Als so bedeutend werden Bismarcks Interpretationen des Ersten Vaticanums und die bischöfliche Entgegnung theologisch eingestuft, daß sie Eingang fanden in den »Denzinger-Schönmetzer«, die »Sammlung aller wichtigen Bekenntnisse, Definitionen und Erklärungen über Glaubens- und Sittensachen« (*Enchiridion Symbolorum, Definitionum et Declarationum de rebus fidei et morum* – DS 3112ff.).

Unabhängig von den Fragen, ob Bismarck die Dogmatische Konstitution *Pastor aeternus* adäquat verstanden hat und ob weiter die Gemeinsame Erklärung der Bischöfe dem Reichskanzler gerecht wurde, soll hier die politische Bedeutung jenes Dogmas aufgezeigt werden. Denn die Dogmatische Konstitution *Pastor aeternus* ist nach allgemeiner Auffassung gleichsam der krönende Schlußstein in dem Gebäude des Papsttums, theologisch wie politisch.

Die deutschen Bischöfe faßten im Februar 1875 zusammen:

»Die Circulardepesche behauptet hinsichtlich der Beschlüsse des Vaticanischen Conzils:

›Die bischöfliche Jurisdiction ist in der päpstlichen aufgegangen.‹

›Der Papst übt nicht mehr, wie bisher, einzelne bestimmte Reservatrechte aus, sondern die ganze Fülle der bischöflichen Rechte ruht in seiner Hand.‹

›Er ist im Prinzip an die Stelle jedes einzelnen Bischofs getreten, und es hängt nur von ihm ab, sich auch in der Praxis in jedem einzelnen Augenblicke an die Stelle desselben gegenüber den Regierungen zu setzen.‹

›Die Bischöfe sind nur noch seine Werkzeuge, seine Beamten ohne eigene Verantwortlichkeit‹; ›sie sind den Regierungen gegenüber Beamte eines fremden Souveräns geworden, und zwar eines Souveräns, der vermöge seiner Unfehlbarkeit ein vollkommen absoluter ist, mehr als irgendein absoluter Monarch der Welt.‹«

Über diese Behauptungen fällen die deutschen Bischöfe ein erstaunlich summarisches Urteil, das in dem Zwischenreich von Politik und Theologie angesiedelt ist und sowohl nach seiner theologischen Stimmigkeit, besonders im Vergleich zu den Erkenntnissen des Zweiten Vatikanischen Konzils, als auch nach den Gewohnheiten oder Ausnahmefällen der kirchenpolitischen

Praxis untersucht werden muß. Die deutschen Bischöfe stellen fest: »Alle diese Sätze entbehren der Begründung und stehen mit dem Wortlaute wie mit dem richtigen, durch den Papst, den Episkopat und die Vertreter der katholischen Wissenschaft wiederholt erklärten Sinn der Beschlüsse des Vatikanischen Conzils entschieden im Widerspruch.«

Doch nachdem sich die Bischöfe so kräftig gegen Bismarcks Behauptungen ins Zeug gelegt haben, beginnen sie ihre Argumentation mit dem Wort: »Allerdings«. Wörtlich: »Allerdings ist nach diesen Beschlüssen die kirchliche Jurisdictionsgewalt des Papstes eine potestas suprema, ordinaria et immediata, eine dem Papst … verliehene, auf die ganze Kirche, mithin auch auf jede einzelne Diözese und alle Gläubigen sich direkt erstrekkende oberste Amtsgewalt zur Erhaltung der Einheit des Glaubens, der Disziplin und der Regierung der Kirche … Dies ist aber keine neue Lehre, sondern eine stets anerkannte Wahrheit des katholischen Glaubens … In dieser seiner Stellung hat der Papst darüber zu wachen, daß jeder Bischof im ganzen Umfang seines Amtes seine Pflicht erfülle …«

Wenn der Politiker Bismarck, der weder Theologe war noch auf theologische Distinktionen viel gegeben haben dürfte, diese Deutung las, wird er sich in seinen Ansichten eher bestätigt gesehen haben. Die Bischöfe mögen im folgenden noch so viel Mühe aufgewendet haben, den Unterschied zwischen »staatlichem Gebiet« und »kirchlichen Angelegenheiten« herauszustellen – für den Reichskanzler blieb der Papst ein »vollkommen absoluter Souverän, mehr als ein absoluter Monarch in der Welt«. Daran änderte auch nichts, daß die deutschen Bischöfe in einem letzten Anlauf die »Unfehlbarkeit, die sich lediglich auf eine Eigenschaft des höchsten päpstlichen Lehramtes bezieht«, trennen von den »Regierungs-Handlungen des Papstes«.

Für Bismarck war ausgemacht, wie aus einigen Bemerkungen in seinen »Gedanken und Erinnerungen« hervorgeht, daß Pius IX. das (Erste) Vatikanische Konzil zur Erhöhung und Machtausweitung des Papsttums benutzt habe, gleichsam in einer Umkehrung der zeitgenössischen Tendenzen des 19. Jahrhunderts, die einen Abbau der Rechte des Monarchen forderten. Als Protestant und Preuße führte Bismarck den Seitenhieb: »Die römische Kurie (im Gefolge des Papstes) aber ist eine unabhängige politische Macht, zu deren unabänderlichen Eigenschaften derselbe Trieb zum Umsichgreifen gehört, der unseren französischen Nachbarn innewohnt. Für den Protestantismus bleibt ihr das durch kein Konkordat zu beruhigende aggressive Streben des Proselytismus und der Herrschsucht; sie duldet keine Götter neben ihr.« Als Machtpolitiker jedoch bewundert der Reichskanzler geradezu Pius IX. Denn diesem war nach Bismarcks Ansicht der Griff auf die volle und uneingeschränkte Macht gelungen. Der Papst war erfolgreich mit dem »Vorstoß, den er selbst mit dem Konzil und der Unfehlbarkeit gegen die katholische Welt und gegen nervenschwache Katholiken gemacht hatte«. Wahrscheinlich hätte es Bismarck am liebsten gehabt, wenn sein König und Kaiser, Wilhelm I., auch mit Unfehlbarkeit und absoluter Souveränität ausgestattet gewesen wäre und beides ihm delegiert hätte. Denn Staat wie Kirche – und als *societas perfecta* definierte sich die katholische Kirche nach alter Lehre selbst – lassen sich am leichtesten von einem absoluten Monarchen regieren; das leuchtete dem Reichskanzler zweifellos ebenso ein, wie es dem Protestanten in geistlichen Dingen unbehaglich war.

Mehr als einhundert Jahre später kann ein außenstehender Beobachter der katholischen Kirche Bismarcks Analyse politisch nicht ganz falsch finden, mögen auch die deutschen Bischöfe theologisch recht haben. Die Festigung des Papsttums ist eingetreten, während seitdem Monarchien und Systeme, Reiche und Republiken zusammengebrochen sind. Die Stellung des Papstes im Innern der Kirche ist stärker denn je. Unter den 1870 so gestärkten Nachfolgern Petri hat sich die katholische Glaubensgemeinschaft, zentral und straff von Rom aus geführt, zu einer bis an die Grenzen der Erde verbreiteten Weltkirche entwickelt. Ob es auch ohne Papst, ohne das in dieser Weise dogmatisch ausgestattete Papsttum so gekommen wäre – darüber ist müßig zu streiten. Contra factum non valet argumentum.

Der Korrektur- oder Ergänzungsversuch des Zweiten Vatikanischen Konzils mit dem Hinweis auf die Kollegialität der Bischöfe hat die Päpste eher noch unangreifbarer gemacht. Dagegen mögen nicht nur »nervenschwache Katholiken« manches einzuwenden haben. Darauf können sich auch Warnungen vor einer Überdehnung der päpstlichen Macht und der Kompetenz der römischen Kurie richten. Aber das politische Faktum des römischen Pontifikats ist so offensichtlich, daß zuerst die Auswirkungen eines absoluten Priester-Monarchen in Kirche und Welt hinein festgehalten werden müssen, bevor nach theologischen, christlich-moralischen, geistesgeschichtlichen oder demokratischen Kriterien Kritik geübt werden kann. Erst wer Vor- und Nachteile des real existierenden Papsttums gegeneinander abwägt, am besten sine ira et cum studio, kann dann unter Umständen dessen Veränderung, Zurückstutzung oder gar Abschaffung fordern.

Dem politischen Beobachter – also nicht dem einzelnen Christen, der sich vielleicht fragt, was die (inzwischen »abgeschaffte«) Tiara mit der Erlösung zu tun habe – stellt sich der Heilige Stuhl, die zentrale Regierung der katholischen Kirche und der kleine souveräne Staat der Vatikan-Stadt dar als respektabele internationale Institution. Deren Ansehen in aller Welt wird etwa herausgestellt, wenn diplomatische Vertreter aus jetzt 145 Ländern dem Papst zum Jahresanfang ihre Aufwartung machen und den Willen ihrer Staaten bekräftigen, gute diplomatische Beziehungen zum Vatikan zu unterhalten. Keine andere Religionsgemeinschaft, wohl überhaupt keine andere Institution der Welt kann präsentieren, was in dem *Annuario Pontificio*, was auf den 2 300 Seiten des »Päpstlichen Jahrbuches« – nicht des »Jahrbuches der katholischen Kirche« – in tausenden von Namen, Adressen, Zahlen und Ämtern zusammengefaßt, was über fünf Kontinente verstreut und doch mit einem einzigen, dem Papst in Rom, verbunden ist. So wird in dem neuesten Jahrbuch von 1993 von Ende Februar die Neuordnung des kirchlichen Lebens in Polen und Albanien vom Vorjahr ebenso erwähnt wie die Aufnahme der diplomatischen Beziehungen zu Armenien, Aserbaidschan, Bosnien-Hercegovina, Georgien, Kasachstan, Kirgistan, Kroatien, Mexiko, Moldau, der Mongolei, Nauru, der Slowakei, Slowenien, Swasiland, der Ukraine, Usbekistan und Weißrußland. Die Pyramide der katholischen Kirche zeigt sich fast bildlich, wenn 404031 (Ende 1991) Priester auf Afrika, Amerika, Asien, Europa und Ozeanien mit Australien verteilt werden, wenn daraus 1091 Bischöfe erwachsen – 2317 Bistumsleiter, 1051 Titular-Bischöfe und 723 emeritierte – und darüber 152 Kardinäle stehen. Da bleibt nur für einen Platz auf der Spitze.

Weil hier einer für das Ganze steht, gilt diesem die Aufmerksamkeit der vielen. Das schlägt sich ebenso in einem nicht abreißendem Pilgerstrom aus aller Welt nach Rom nieder wie in dem Interesse der Massenmedien. Letzteres ist jedoch ambivalent und kann – wie es der jetzige Papst, Johannes Paul II., in der Mitte der achtziger Jahre erlebt hat – umschlagen in Ablehnung. Aber selbst in »negativen« Schlagzeilen oder Berichten aus Rom zeigt sich das päpstliche Prinzip der katholischen Kirche, das die Blicke stets auf den einen lenkt.

Diese Konzentration ist von Vorteil in einer Welt der totalen Kommunikation und allesumfassenden Transparenz, in der nichts so gefürchtet wird, wie anonym zu bleiben, von den anderen nicht wahrgenommen zu werden. Da es den Papst nur einmal gibt und sich Hunderte von Millionen an ihm identifizieren – mit Abstufungen und in verschiedenen Graden, aber die Verbindung bleibt –, ist er eine einzigartige Gestalt dieser Welt, geschätzt oder abgelehnt, gleichviel, aber immer beachtet. Die Apostolischen Visiten des jetzigen Papstes in alle Welt sind, ob gutgeheißen oder kritisiert, ein Beispiel für die innerkirchliche Einheit in der Vielfalt und, nach weltlichen Maßstäben gemessen, ein ungeheurer missionarischer Werbefeldzug, dessen Aufsehen nur durch die Gewöhnung geringer geworden ist.

Die Möglichkeiten, die sich dem Papst durch seine Stellung im Innern der Kirche und als höchster »Sprecher« seiner Kirche boten, nutzte Johannes Paul II. in den weltpolitischen Ereignissen seit seinem Amtsantritt 1978. »Was in Europa in den letzten Jahren geschehen ist, wäre nicht möglich gewesen ohne diesen Papst, ohne die große – auch politische – Rolle, die Johannes Paul II. im Weltgeschehen gespielt hat.« Dies erklärte nicht ein Höfling des Vatikans, sondern vor einem Jahr, im März 1992, der ehemalige sowjetische Staats- und Parteichef Gorbatschow, der es wissen könnte. Gorbatschow schrieb weiter: »Ich bleibe überzeugt von der Wichtigkeit des Handelns Papst Johannes Pauls II. in diesen Jahren ... Ich möchte nicht übertreiben. Aber ich habe einen besonderen Eindruck empfunden, als ob von diesem Mann eine Energie ausgehe, dank der man ein tiefes Gefühl des Vertrauens ihm gegenüber empfindet.«

Diese Äußerungen Gorbatschows werden veröffentlicht, wenige Tage, nachdem das amerikanische Nachrichten-Magazin *Time* in einer Titelgeschichte etwas Ähnliches behauptet hatte, nur von der anderen Seite her: Der Präsident der Vereinigten Staaten, Reagan, und der Papst hätten eine »Heilige Allianz« geschlossen, die zum Zusammenbruch des Kommunismus geführt habe. Falsch daran ist – und dies hat den Vatikan auch zu einem Dementi bestimmt –, daß Johannes Paul II. und Reagan einen förmlichen Pakt eingegangen seien, mit konkreten Absprachen und Verpflichtungen. Dazu blieb bei dem kurzen Besuch Reagans am 7. Juni 1982 in der Privatbibliothek des Papstes keine Zeit; dessen bedurfte es auch nicht. In ihrer Abneigung gegen den Kommunismus waren sich die zwei Staatsmänner einig. Doch beide waren auch imstande, ihre Überzeugung in praktische Politik umzusetzen.

Gorbatschow wußte, in seinem Artikel wie in dem 1987 erschienenen Buch »Perestrojka«, daß der sowjetische Koloß sich noch lange in Europa und Asien hätte breitmachen können, und gibt deshalb jenem die Ehre, der das »neue politische Denken« entwickelt hat: Johannes Paul II. Wenn Gorbatschow zudem das sowjetische »Gesetz über die Gewissensfreiheit« erwähnt, zieht er die historischen Linien noch weiter aus. 1975 wurden auf wesentliches Betreiben des Vatikans (des damaligen Papstes Paul VI. und des Erzbischofs Casaroli) in die Schlußakte der »Konferenz für Sicherheit und Zusammenarbeit« in Helsinki Versicherungen über Religions-, Gewissens- und Meinungsfreiheit aufgenommen und mit der Unterschrift auch der kommunistischen Staats- und Regierungschefs besiegelt. Daß der Heilige Stuhl überhaupt im internationalen Kreis vertreten war, ist im Papsttum begründet.

Wenn Gorbatschow weiter von einer geistigen Wahlverwandtschaft mit dem slawischen Papst nach den Besuchen im Vatikan (am 1. Dezember 1989 und am 18. November 1990) sprach, so meinte er damit, daß es für Perestrojka und Glasnost einen Vorläufer gab: die Erklärung Johannes Pauls II. bei seinem Amtsantritt im Oktober 1978 über die »Öffnung der Grenzen« und seine beständige, fast gebetsmühlenartig wiederholte und darum wirksame Kritik an jedweder Ideologie, an jeder Doktrin, die den Menschen und seine Wirklichkeit in ein Zwangskorsett pressen wolle. Nur, geistige Überzeugungen allein sind politisch wenig wirksam; man muß auch die Mittel haben, sie in der Praxis zu fördern.

Das amerikanische Nachrichten-Magazin hob vor allem hervor, was von manchen als Zufall angesehen wird: daß gerade in Polen jener Freiheitsraum entstand, der den ersten Stein im kommunistischen Domino Ost-Europas wegdrängte; in einem katholischen Land, ständig erweitert von Arbeitern der Gewerkschaft »Solidarität«, die vor den Panzern zur Beichte gingen und ein Madonnen-Bild sich angeheftet hatten, unterstützt von einer funktionierenden Institution wie der Kirche, aufmerksam verfolgt von einem Polen auf dem Stuhl Petri. Damals, Anfang der achtziger Jahre, erzählte man sich in Rom, Johannes Paul II., von den Folgen des Attentats keineswegs gänzlich genesen, doch alarmiert durch den Kriegszustand des Generals Jaruzelski über Polen, sei bereit, bei einer sowjetischen Intervention sofort in sein Heimatland zu fliegen und habe dies die Führung im Kreml und die amerikanische in Washington wissen lassen. Das Tauziehen zwischen dem Vatikan und der polnischen Regierung um den nächsten Besuch des Papstes in seinem Heimatland (nach dem ersten im Frühjahr 1979) hielt die Kommunisten in Warschau in Atem und stets zur Mäßigung an. Schon die »Drohung« mit einer Apostolischen Visite war ein politisches Faktum, um wieviel mehr dann die Reise im Juni 1983 selbst. Der Papst vertraute darauf, daß die Kräfte der religiösen und nationalen Befreiung im östlichen Europa nicht mehr zurückgedrängt oder gar erstickt werden können.

Die unbezweifelte weltpolitische Rolle des Papstes muß sich freilich auch im Innern der Kirche bewähren, sonst verliert sie ihre Grundlage. In den Ländern deutscher Sprache ebenso wie in den anderen entwickelten Demokratien hat es in den letzten Jahren Kritik am römischen Zentralismus gegeben. Darin spricht sich zunächst ein Antagonismus aus zwischen dem demokratisch gestimmten Zeitgeist und der hierarchisch monarchisch verfaßten Kirche. Das kann dazu führen – und dies ist bereits, wie auch in anderen Epochen der Kirchengeschichte, eingetreten –, daß eine Änderung der kirchlichen Strukturen gefordert wird. Wie dies in der Papst-Kirche geschehen kann, ist dem politischen Beobachter noch verborgen, doch auch nicht seine prophetische Sache. Vielleicht ist der Unwille über das »lästige römische Joch«, so schon Novalis in seinem Essay *Die Christenheit oder Europa* (1799), mehr noch die Unzufriedenheit darüber, wie das monarchische Kirchen-Regiment ausgeübt wird.

Bei der Ernennung oder Versetzung von Bischöfen, bei den Unbedenklichkeits-Erklärungen für neue und alte Theologie-Professoren, beim Insistieren auf bestimmten Sittenlehren sind Papst und römische Kurie im Stil des Absolutismus verfahren: Der Wille des Monarchen ist oberste Leitlinie. Das kann heutzutage nicht lange gutgehen. Hier müssen die römischen Stellen von sich aus Versöhnung schaffen, eine Synthese bilden zwischen dem herrschenden Gefühl in den demokratischen Gesellschaften der Gläubigen, und dem Anspruch der Kirchen-Regierung. (In den weniger entwickelten Gesellschaften der Dritten Welt findet der römische Primat kaum Widerspruch – oder er wird zum Teil in manchen Bereichen einfach verdrängt.)

Sonst tritt für das Papsttum ein, was Novalis in dem erwähnten Essay im Hinblick auf den Jesuiten-Orden beschreibt: »Mit größerem Verstand war in die Ausführung einer größeren Idee noch nicht gedacht worden.

Ewig wird die Gesellschaft ein Muster aller Gesellschaften sein, die eine organische Sehnsucht nach unendlicher Verbreitung und ewiger Dauer fühlen – aber auch ewig ein Beweis, daß die unbewachte Zeit allein die klügsten Unternehmungen vereitelt und der [sic!] natürliche Wachstum des ganzen Geschlechts unaufhaltsam den künstlichen Wachstum eines Teils unterdrückt. Alles einzelne für sich hat ein eigenes Maß von Fähigkeit, nur die Kapazität des Geschlechts ist unermeßlich. Alle Pläne müssen fehlschlagen, die nicht auf alle Anlagen des Geschlechts vollständig angelegte Pläne sind.«

Da müssen also Papst und Kurie achtgeben, daß die großartige und kühne Idee des Papsttums nicht das natürliche Wachstum der ganzen Kirche überschattet und mindert. Es darf nicht nur eine theologische Floskel sein, so scheint es dem politischen Beobachter, daß das Petrus-Amt nicht nur zum Herrschen, sondern auch zum Dienen geschaffen wurde. In der Weltgeschichte und Politik findet dieser demütige Satz heute mehr denn je seine Bestätigung.

HERMANN JOSEF POTTMEYER

Wozu braucht die Kirche einen Papst?

Die Antwort, die sich als erste auf die im Titel gestellte Frage aufdrängt, lautet: Weil Jesus Christus der Kirche das Petrusamt schenkte, oder: Weil es sein heiliger Wille ist. Der Verweis auf das, was in der Theologensprache *ius divinum* oder die gottgegebene Verfassung der Kirche heißt, ist zweifellos die fundamentalste Begründung. Nur: Auch wenn es einen Glaubenskonsens der Kirche über den besonderen und fortdauernden Auftrag des Petrus und einen Konsens der Theologen über dessen biblische Grundlage gibt, so bleibt doch die Frage offen: Besteht zwischen dem Petrus der Bibel, dem Petrusamt in der Alten Kirche und dem Jurisdiktions- und Lehrprimat des heutigen Papstes ein notwendiger, ein verbindlicher Zusammenhang? Sind Petrus und der Papst dasselbe?

Eine zweite Antwort auf die im Titel gestellt Frage könnte lauten: Weil eine Kirche, die ihre Einheit bewahren will, ein Amt der Einheit braucht. Dieser mehr funktionale Hinweis hat historische und soziologische Gründe für sich. Historisch: Die Bischöfe von Rom haben tatsächlich der Einheit der Kirche gedient. Wo das Amt der Einheit seinen Einfluß und die Anerkennung seiner Autorität verlor, zerfiel die kirchliche Einheit. Bis heute sehen sich der Ökumenische Rat mit seinen Bemühungen, zu einer Einheit der Christen zu kommen, und die orthodoxen Kirchen mit ihrem Versuch, eine konziliare Versammlung zustandezubringen, vor großen Schwierigkeiten. Zudem haben die Päpste die katholische Kirche davor bewahrt, in totaler Abhängigkeit von staatlichen Mächten zu enden und in Nationalkirchen zu zerfallen, wie es vielen nichtkatholischen Kirchen und Gemeinschaften geschah. Soziologisch: Um ihre Aufgaben zu erfüllen, muß sich die Kirche als Handlungs- und Wirkungseinheit realisieren und bedarf entsprechender Institutionen. Der amtliche Dienst an der Einheit muß nach dem Selbstverständnis dieser Gemeinschaft jedenfalls personal, bischöflich ausgeübt werden. Für die spannungsreiche Verbindung von kollegialer und primatialer Kirchenleitung, wie die katholische Kirche sie kennt, sprechen gewichtige Gründe.

Die zweite Antwort hat aber auch Gründe gegen sich. Historisch: Die Bischöfe von Rom haben oftmals versagt. Versagt haben sie beim Großen Schisma und bei der reformatorischen Kirchenspaltung, auch wenn die Schuld nicht allein bei ihnen lag. Nicht selten wurde ihre Amtsführung zum Skandal für die Christenheit. Jahrhundertelang war dieses Amt in den Händen der römischen oder italienischen Feudalherren und in politische Geschäfte und Händel verstrickt. Soziologisch: Der primatiale Anspruch ist nur schwer von der Tendenz freizuhalten, mit Hilfe einer theologischen Überlegitimation alles an sich zu ziehen, sich über die Gemeinschaft zu stellen und sich von dieser zu isolieren. In seiner heutigen Gestalt stellt der Jurisdiktions- und Lehrprimat eine totale Überforderung sowohl des Papstes selbst wie seiner Verwaltungsorgane, der Kurie, dar. Der ungeheuren primatialen Machtfülle entsprechen keine geregelten Kontrollverfahren, so daß sich ein Widerspruch nur im Ungehorsam artikulieren kann.

Bemerkenswert ist der Umstand, daß die Antworten auf unsere Titelfrage und nicht weniger die Gegenfragen und -gründe fast so alt sind wie die Kirche und das Papstamt. Dieses Amt und sein Anspruch, nicht nur seine Amtsführung fand von Anfang an Widerspruch – mit theologischen Argumenten und noch mehr aus menschlichen Interessen, die sich theologischer Gründe bedienten. Und doch ist diese Institution aus ihren selbst- oder fremdverschuldeten Niederlagen immer wieder gestärkt hervorgegangen. Die heutige Fülle der primatialen Zuständigkeiten – die größte seit Beginn – ist ein Ergebnis der Reaktion auf die schweren Demütigungen des Papsttums im 18. und 19. Jahrhundert. Die neoultramontane Bewegung des 19. Jahrhunderts, die dem Papst dazu verhalf, ging nicht von Rom, auch nicht von den Bischöfen, sondern vom katholischen Volk aus, weil es den Bestand und die Freiheit der Kirche bedroht sah und deshalb ein starkes Papsttum wünschte. Tatsache ist aber auch, daß das, was in einer Notlage gewünscht wurde, inzwischen weithin in der Kirche Unbehagen weckt. Viele fragen, ob diese Gestalt und Gewichtung des Papsttums für das Leben der Kirche und die Erfüllung ihrer Aufgaben noch hilfreich ist. Deshalb stellte das 2. Vatikanum sich die Aufgabe, das Gewicht des Bischofskollegiums und das der Ortskirchen zu stärken.

Nicht wenige meinen, daß das noch nicht genügend gelungen ist. Andere warnen davor, die Erneuerung der Kirche hauptsächlich von einer strukturellen und rechtlichen Reform zu erwarten. Die Kirche sei an erster Stelle ein Mysterium, das im Mysterium der Menschwerdung Gottes in Jesus Christus gründe. Nur im Blick auf dieses Mysterium ließen sich die Maßstäbe für das strukturelle Gefüge der Kirche und auch für die rechte Gewichtung des petrinischen Auftrags finden.

Zu diesen Stimmen, denen andere den Vorwurf machen, die strukturellen Probleme und konkreten Machtinteressen theologisch überspielen zu wollen[1], gehört auch Hans Urs von Balthasar. Sein Buch *Der antirömische Affekt* von 1974 ist eine der bemerkenswertesten Veröffentlichungen der letzten Jahrzehnte zu unserem Thema. Auf den ersten Blick stark apologetisch, spart der Autor nicht an Kritik an der jüngeren Entwicklung des Papsttums und der Theologie des Papstamtes. Selbst wenn man nicht alle Überlegungen des Buches mit gleicher Zustimmung mitvollziehen mag, enthält es doch wertvolle Vorschläge für eine tiefere theologische Reflexion über das Petrusamt.

Balthasar stellt gleich zu Beginn klar, über die Strukturdiskussion hinausführen zu wollen. »Das Spannungsgefüge der Kirche hat, da sie sichtbar ist, wie der Mensch Jesus sichtbar war, natürlich eine soziologische und psychologische Außenseite, die keineswegs unterschätzt werden soll, da wir die sichtbare Kirche von der unsichtbaren nie (adäquat) trennen dürfen. Trotzdem ist die Kirche *zuerst* ein Mysterium ... Und nur *als* dieses Mysterium wird sie zum Volk Gottes, zur sichtbaren soziologisch-psychologischen Realität. Deshalb werden die Spannungen, die wir aufweisen werden, immer auf das Mysterium verweisen: sie sind ein notwendiger Ausdruck, kein der Kirche anhaftender Mangel, den man etwa durch ›Veränderung ihrer Strukturen‹ beheben könnte.«[2]

Um sein Anliegen mitzuteilen, stellt er an den Anfang ein Zitat aus den *Pensées* Pascals: »Betrachtet man die Kirche als Einheit, so ist der Papst, der ihr Haupt ist, gleichsam alles. Betrachtet man sie als Vielheit, so ist der Papst nur ein Teil von ihr. Die Kirchenväter haben sie bald in der einen, bald in der anderen Weise betrachtet ... aber indem sie eine dieser beiden Wahrheiten hervorhoben, schlossen sie die andere nicht aus. Die Vielheit, die sich auf keine Einheit zurückführen läßt, ist Wirrwarr; die Einheit, die nicht von der Vielheit abhängt, ist Tyrannei.«[3] Des öfteren zieht er auch J.A. Möhler heran, der in ähnlicher Weise wie Pascal urteilt.[4]

Balthasars Anliegen ist die Integration von Einheit und Vielheit. Ein Blick in das Neue Testament helfe, »das Petrusamt als *eines* von mehreren unentbehrlichen

Momenten des kirchlichen Gefüges festzustellen und es so aus der Isolation einer Pyramidenspitze zu befreien, auf die es sich – historisch zugleich unfreiwillig (in der Nachfolge des römisch-kaiserlichen Modells) und freiwillig (in der Reaktion gegen die Übergriffe der mittelalterlichen Kaiser) – eingelassen hat. Die Spannung Primat – Kollegialität scheint uns unzureichend, um das Kräftefeld der Kirche zu beschreiben, erst recht ist dessen Übersetzung in die Kategorien von Monarchie – Demokratie ungenügend. Tieferliegende, hintergründigere Spannungen sind im Spiel, und erst deren Beachtung – falls das theologische Auge des Christen sie *wahrzunehmen* geruht – kann die Atmosphäre entgiften.«[5]

Über die Schwierigkeiten des Weges, auf dem das Petrusamt, ohne sich selbst aufzugeben, wieder die »Integration in das Gesamtleben der Kirche vollziehen« könnte[6], gibt sich Balthasar keinen Illusionen hin. Das 1. Vatikanum habe die Tür zu einer solchen Integration so kunstvoll verriegelt, daß niemand mehr sie aufbringe, ohne daß er das ganze katholische Gefüge einzureißen drohe.[7] Zum Dogma vom päpstlichen Jurisdiktionsprimat bemerkt er in *Klarstellungen*: »Wer den hundertjährigen Text aufmerksam (und schaudernd) auf sich wirken läßt, sieht deutlich die Risse in den tragenden Pfeilern, von einer verfehlten Statik verursacht ... Das am wenigsten Harmvolle tut Johannes der Gute, der am bedrohlichen Text vorbeiregierte, als existiere er nicht, und, als er den Pressionen seiner Umgebung nicht mehr standhalten konnte, ein neues Konzil einberief.

Den Text selbst trug er nicht aus, der blieb neben ihm stehen. Und es gab keine andere Möglichkeit, ihn zu konfrontieren – denn auch das Zweite Vatikanum hat ihn bei allen Verlagerungen der Statik nicht widerrufen und konnte das auch nicht –, als ihm zu erliegen.«[8]

Bemerkenswert am Ansatz Balthasars ist, daß er auf das typologische Verständnis des biblischen Petrus zurückgreift, um das Petrusamt wieder in die Gesamtkirche zu integrieren. Wir beobachten in den neutestamentlichen Schriften, daß Petrus als hervorragender Zeuge des irdischen und auferstandenen Jesus zunehmend zum Typos des Garanten und Lehrers der authentischen Jesus-Überlieferung mit gesamtkirchlicher Bedeutung wird, im Zusammenhang damit zum Urbild des Gemeindeleiters und zur Symbolfigur des Hirtenamtes. Diese typologische Deutung, nach der jeder Bischof Nachfolger des Petrus ist, war bei den Kirchenvätern und bis weit in das Mittelalter gebräuchlich. Später und wieder in neuerer Zeit wurde der typologische Petrus gegen den historischen Petrus ausgespielt, auf den sich die besondere Petrus-Nachfolge des römischen Bischofs gründet. Für Balthasar steht fest, daß der Typos Petrus nicht vom historischen Petrus zu trennen ist. Aber im historischen Petrus und seinem Eingefügtsein in den Kreis der anderen Zeugen und Berufungen zeigt sich ein Maßstäblich-Typisches für das kirchliche Gefüge. »Wie Christus selbst, sind auch Maria, Petrus, Paulus, Johannes nicht so sehr sittliche ›Vorbilder‹ (wie könnte die Verleugnung des Petrus ein solches sein!), als Prägestempel (›typos‹ Phil 3,17; erst von daher ›synmimētai‹, Mitnachahmer; vgl. 1 Kor 11,1) für die Gestalt der Kirche durch die Geschichte hindurch.«[9]

Die Ursache mancher Kontroversen sieht Balthasar darin, daß häufig abstrakt über Instanzen, Ämter, Vollmachten diskutiert wird, statt die konkreten Menschen und ihre Berufungen wahrzunehmen. Der »Realsymbolik«[10] des konkreten »Petrus im Gefüge«[11] gibt er zunächst eine christologische Grundlage. Denn der Apostel ist seinerseits ein Typos Christi. »Jesus Christus ist kein ›Prinzip‹ oder ›Programm‹, sondern zunächst ein Mensch aus Fleisch und Blut«[12], in dem Gott für uns endgültig konkret wird. »Er spielt nicht nur vor uns das Schauspiel seiner ewigen Liebe, sondern macht uns zu dessen Mitspielern.«[13] Auf diesem heilsökonomischen Grundgesetz – die Fleischwerdung des Wortes und dessen weitere Vermittlung durch konkrete Menschen, die wirkliche, nämlich ministeriale Subjekte sind – ruhen sowohl das Apostolat wie die Typologie auf.

Nun steht jeder Mensch in einer mitmenschlichen Konstellation. Menschsein bedeutet Mitsein. Die mitmenschliche Konstellation bleibt dem Menschen nicht äußerlich, sondern bestimmt ihn innerlich. Das gilt für Jesus Christus wie für Petrus.[14] So ist Jesus Christus durch sein Mitsein mit dem Täufer, der Mutter, den Zwölf und den anderen Jüngern, ja selbst mit Paulus bestimmt. Petrus seinerseits ist bestimmt durch sein Mitsein mit Jesus Christus, mit Maria und den anderen Aposteln und Jüngern. »Petrus im Gefüge« bedeutet, daß der Auftrag des Petrus innerlich mitbestimmt wird durch die anderen Berufungen. Sie alle stehen »in Perichorese – wie es im lebendigen ›Leib Christi‹ zwischen dessen Gliedern nicht anders möglich ist«.[15] Aus diesem Gefüge kann Petrus nicht ausbrechen.

Seine spezifische Berufung liegt in der besonderen Teilnahme an der Vollmacht und Verantwortung Jesu wie auch an dessen Dienstgesinnung und Leidensbereitschaft.[16] Das Zugleich des Eingefügtseins und der besonderen Beauftragung Petri besagt, daß die Spannung zwischen dem kollegialen Mitbestimmtsein seines Amtes und der Exzentrizität seines Amtes aufgrund seiner besonderen Autorität gegenüber den anderen nicht auflösbar ist. Nicht aufgelöst werden darf auch die Spannungseinheit von Amt und Charisma (Paulus), Amt und Liebe (Johannes), Amt und Dienst (Maria).

Zum Typos Petrus gehört für Balthasar ferner die Spannung zwischen dem Amt und der Person, die sündig ist und vom Amt, das ihr zugemutet wird, überfordert wird. Zustimmend zitiert er den Philosophen Schelling: »Alles, was man der römischen Kirche vorgeworfen, ist in den Fehlern Petri vorgebildet, die die evangelische Geschichte, namentlich das Evangelium Marci, nicht verschweigt.«[17] Im Blick auf die neutestamentlichen Berichte vom mehrmaligen persönlichen Versagen des Petrus stellt Balthasar mit Bedauern fest, »daß die Dogmatik als ›Wissenschaft‹ sie zu integrieren noch immer nicht bereit ist, ihre Betrachtung vielmehr der Predigt und Betrachtung überläßt.«[18] In dieser Spannung von Amt und Person sieht er das Ärgernis, an dem viele Anstoß nehmen. »Das Amt ist durchaus in der ›heiligen‹ Mitte der Kirche fundiert (daher das dem ersten Papst abgeforderte Liebesbekenntnis), aber von dieser Mitte aus *bezieht* es sich nicht nur auf die Exzentrizität der Sünder und ist wesentlich *für* sie da, sondern nimmt an dieser selbst so teil (deshalb ist es der Verleugner Petrus, der das Amt erhält), daß in der persönlichen Schuldhaftigkeit die amtliche Indefektibilität nicht zentral tangiert wird. Petrus ist ›simul‹ – wenn auch nicht in der gleichen Hinsicht – justus et peccator, fallibilis et infallibilis. Darin, daß ein Sünder den Anspruch auf ein Moment der Fehlerlosigkeit erhebt, liegt das zentrale Ärgernis des Katholischen.«[19]

Seine Einsicht über die Spannungseinheit des Eingefügtseins und des besonderen Auftrags des Petrusamtes aktualisiert Balthasar für die gegenwärtige Kirche. Nach dem 2. Vatikanum gelte es, die einmalige Korrelation der kirchlichen Einheit in *communio*, Kollegialität und Primat deutlicher zu realisieren. »Die notwendige Rechtfertigung der Exzentrizität des Amtes kann nur dadurch ihre Gefährlichkeit verlieren, daß sie in der Praxis der zentralen Communio und Kollegialität ihre die Einheit wirksam verkörpernde Funktion kundtut: im umgreifenden Freigeben. Dieses wird jetzt um so besser gelingen können, als seit den beiden letzten Konzilien auch die gesamtkirchliche Communio und gesamtbischöfliche Kollegialität angewiesen ist, dem petrinischen Amt seine Funktion freizugeben.«[20]

Der Gedanke der wechselseitigen Freigabe ist es wert, aufgegriffen und wegweisend zu werden, zumal für die schärfer werdende Spannung von Einheit und Vielfalt in der Kirche. Nachdem das 2. Vatikanum den Rang der Ortskirchen und der Kollegialität herausgestellt hat, drängen die Ortskirchen unter Berufung auf das Subsidiaritätsprinzip auf eine größere Berücksichtigung ihrer pastoralen Bedürfnisse, ihres kulturellen Kontextes und ihrer Selbstverantwortung. Das gilt vor allem für die jungen Kirchen. Das Ende des kirchlichen Eurozentrismus, das diese Christen fordern, zeichnet sich schon jetzt als einer der folgenreichsten Umbrüche in der Kirchengeschichte ab und als große Chance für eine weitere Evangelisierung. Aber auch die andere große Aufgabe, die Ökumene, erfordert es, die Einheit der Kirche so zu realisieren, daß sie eine größere Vielfalt als bisher zuläßt. Balthasar erwartet vom Petrusamt, daß es im Blick auf den »Petrus im Gefüge« die Berufungen der anderen und ihre Vielfalt als eine innere Bestimmung seiner eigenen Berufung begreift und sie zu ihrer eigenen Berufung freigibt.

Umgekehrt bedarf eine Kirche, die ihre Vielfalt zu entwickeln und zu leben sucht, mehr denn je des petrinischen Amtes. Die Bedeutung des Dienstes an der Einheit wird zunehmen, nicht abnehmen. Die Kirche der Zukunft braucht den Papst als Förderer der Ortskirchen und der Ökumene, als Zentrum der kirchlichen *communio*, als Wahrer der Einheit der Kirche und ihrer Universalität.

Greifen wir zum Schluß die Gegenfragen auf, die sich zu Beginn stellten. Sind Petrus und der heutige Papst dasselbe? Wenn der heutige Papst sich in die geschichtliche und sachliche Kontinuität mit Petrus und in dessen Nachfolge stellt, unterstellt er sich dem Typos Petrus. Die konkrete mitmenschliche Konstellation, in der der heutige Papst steht, ist eine andere als die des historischen Petrus. Es bleibt aber, daß das Petrussein des heutigen Papstes innerlich mitbestimmt wird von seinem konkreten Mitsein. Auch der Auftrag und die Vollmacht sind dieselben. Aber wie die Geschichte zeigt, kann das Petrusamt verschiedene rechtliche Gestalten annehmen, je nach dem die »Zeichen der Zeit« und das Wohl der Kirche es erfordern. Die heutige rechtliche und organisatorische Gestaltung des Petrusamtes ist weder seine denkbar höchste noch einzig mögliche Verwirklichungsgestalt. Ähnlich wie das Wort Gottes von seinen jeweiligen Bezeugungsgestalten zu unterscheiden ist, ist auch der Typos Petrus von seinen jeweiligen Bezeugungs- und Nachfolgegestalten zu unterscheiden (sonst müßte der Papst stets ein verheirateter Fischer und Missionar sein). Deshalb ist in erkenntnistheologischer Hinsicht der typologische und realsymbolische Ansatz Balthasars besonders hilfreich. Er knüpft an die altkirchlichen Symbola an, die sich einer symbolhaften Sprache bedienten. Das Symbol hält wie der Typos das Verbindende und Verbindliche eines Glaubensinhalts fest und gibt zugleich die zeit- und kontextbezogene Auslegung frei. So hat auch das 1. Vatikanum trotz seiner eher juridischen als symbolhaften Sprache zwar den Primat der päpstlichen Jurisdiktion definiert, nicht aber die einzelnen päpstlichen Rechte dogmatisch festgelegt, wie es auch bei der Definition des päpstlichen Lehrprimats nicht die Mitwirkung der Kirche ausgeschlossen hat.

Die zweite Gegenfrage verwies auf das historische Versagen vieler Päpste. Auch hier gibt der Typos Petrus die Antwort. Das Sündersein gehört zum Petrussein, und es war gerade der versagende Petrus, dem Jesus den Auftrag gab, »damit sich kein Fleisch vor Gott rühme« (1 Kor 1,29). Die Spannung von Amt und Person, von Gottes Treue und ungetreuen Knechten und »Mitspielern« bleibt ein Ärgernis, »das zentrale Ärgernis des Katholischen«.

Anmerkungen:

1 Vgl. H.J. POTTMEYER, Die Kirche als Mysterium und Institution, in: *Concilium (D)* 22 (1986), S. 474-480.

2 H.U. VON BALTHASAR, Der antirömische Affekt (Herderbücherei 492). Freiburg 1974, Einsiedeln/Trier ^{2}1989, S. 23.

3 Ebd., S. 20f. (B. PASCAL, Pensées, éd. Chevalier, 809).

4 Vgl. ebd., S. 140-144.

5 Ebd., S. 21.

6 Ebd., S. 107.

7 Vgl. ebd., S. 106.

8 H.U. VON BALTHASAR, Klarstellungen. Zur Prüfung der Geister (Herderbücherei 393). Freiburg 1971, Einsiedeln ^{4}1978, S. 94.

9 H.U. VON BALTHASAR, Der antirömische Affekt, a.a.O., S. 125.

10 Ebd., S. 125.

11 Ebd., S. 123.
12 Ebd., S. 112.
13 Ebd., S. 113.
14 Ebd., S. 115.
15 Ebd., S. 122.
16 Vgl. ebd., S. 120.
17 Ebd., S. 125f.
18 Ebd., S. 126.
19 Ebd., S. 151.
20 Ebd., S. 183.

Über die Autoren

STEPHAN OTTO HORN SDS, geboren 1934 in Isny im Allgäu, studierte in Passau Philosophie und Theologie und wurde dort 1960 zum Priester geweiht. Nach der Promotion in München (1966) und Assistententätigkeit und Habilitation in Regensburg (1979) war er von 1981-1986 Professor für Dogmatik in Augsburg; seitdem lehrt er Fundamentaltheologie an der Universität Passau. – Zu seinen Veröffentlichungen zählen u.a. *Glaube und Rechtfertigung nach dem Konzilstheologen Andrés de Vega* (1972); *Der Bischof von Rom und die Synoden von Ephesus (449) und Chalcedon* (1982).

WALTER KASPER, 1933 in Heidenheim an der Brenz geboren, studierte Philosophie und Theologie in Tübingen und München; 1957 wurde er in Rottenburg zum Priester geweiht. Nach seiner Promotion (1961) und seiner Habilitation (1964) lehrte er als Ordinarius Dogmatik in Münster und Tübingen, bis er 1989 zum Bischof der Diözese Rottenburg-Stuttgart ernannt wurde. Er ist Mitglied der Heidelberger Akademie der Wissenschaften und der Europäischen Akademie der Wissenschaften und Künste sowie Ehrendoktor der *Catholic University of America*, Washington, und der *St. Mary's Semi-*

nary and University, Baltimore. – Unter seinen etwa 500 Publikationen sind vor allem zu nennen *Glaube und Geschichte* (1970); *Einführung in den Glauben* (1972); *Jesus der Christus* (1974); *Der Gott Jesu Christi* (1982); *Theologie und Kirche* (1987).

HEINZ-JOACHIM FISCHER, in Meseritz bei Frankfurt an der Oder 1944 geboren, studierte ab 1963 in München und an der Päpstlichen Universität Gregoriana in Rom, wo er 1970 das Lizenziat in Theologie erwarb und 1973 in Religionsphilosophie promovierte. 1974 trat er der Politischen Redaktion der *Frankfurter Allgemeinen Zeitung* bei; 1978 wurde er Italien-, 1980 zudem Vatikan-Korrespondent und Leiter des römischen Büros dieser Zeitung. Für seine publizistische Arbeit erhielt er mehrere Preise. – U.a. veröffentlichte er *Die Auflösung des Begriffes der Offenbarung bei Ludwig Feuerbach als Negation deutscher Religionsphilosophie* (1973); *Der heilige Kampf. Geschichte und Gegenwart der Jesuiten* (1988).

HERMANN JOSEF POTTMEYER, 1934 im westfälischen Bocholt geboren, studierte Theologie und Philosophie; seiner Promotion (1964) folgte 1973 die Habilitation an der Universität Münster. 1974 wurde er zum Professor für Systematische Theologie an die Universität Bochum berufen. Seit 1992 ist er Mitglied der Internationalen Theologenkommission. – Zu seinen Veröffentlichungen zählen *Der Höhepunkt der Auseinandersetzung zwischen Glauben und Wissenschaft im 19. Jahrhundert* (1965); *Der Glaube vor dem Anspruch der Wissenschaft. Die Konstitution über den katholischen Glauben »Dei Filius« des 1. Vatikanischen Konzils und die unveröffentlichten theologischen Voten der vorbereitenden Kommission* (1968); *Unfehlbarkeit und Souveränität* (1975).